1년 365일
오늘 하루도 기적이 일어날 거야
말하는 대로. 꿈꾸는 대로. 생각한 대로

드
림
노
트

Dream Note

최선녀 지음

이 책은 꿈을 가진

_____ 님을 위한 책입니다.

오늘 하루도 기적이 일어날 거야

드 림 노 트

초판 발행 2021년 12월 27일

지은이 최선녀

발행인 우현진
발행처 용감한 까치
출판사 등록일 2017년 4월 25일
대표전화 02)2655-2296
팩스 02)6008-8266
홈페이지 www.bravekkachi.co.kr
이메일 aoqnf@naver.com

기획 및 책임편집 우혜진
디자인 죠스 **마케팅** 리자
CTP 출력 및 인쇄 · 제본 미래피앤피

ISBN 979-11-91994-03-2(13190)

값 15,000원

9 791191 994032

감성의 키움, 감정의 돌봄 용감한 까치 출판사

용감한 까치는 콘텐츠의 樂을 지향하며 일상 속 판타지를 응원합니다. 사람의 감성을 키우고 마음을 돌봐주
는 다양한 즐거움과 재미를 위한 콘텐츠를 연구합니다. 우리의 오늘이 답답하지 않기를 기대하며 뻥 뚫리는
즐거움이 가득한 공감 콘텐츠를 만들어갑니다. 아날로그와 디지털의 기발한 콘텐츠 커넥션을 추구하며 활자
에 기대어 위안을 얻을 수 있기를 바랍니다. 나를 가장 잘 아는 콘텐츠, 까치의 반가운 소식을 만나보세요!

1년 내에 이루고 싶은 것들

_____ 월

"젓가락질 잘해야만 밥을 먹나요?"

사회생활하면서 스스로가 부끄러웠던 것들 중 하나가 바로 젓가락질이었다.

사회에 나와 보니 나만 빼고 모두 젓가락질을 '제대로' 하는 게 아닌가.

특히 어른들과 함께 식사할 때는 부끄러움을 넘어 불편하기까지 했다.

어렸을 때는 아빠가 내 젓가락질 때문에 맘고생을 많이 하셨다.

어쩔 땐 밥을 먹다 숟가락으로 맞기까지 했었다.

그런 숱한 상황들을 겪으며 고쳐보려고 부단히도 애써봤지만

밥 먹을 때마다 손이 불편해지는 게 싫어 결국 포기해버린 지 오래였다.

그러다 올해, 더 이상 이 악질 습관을 미루기 싫어

새해에는 꼭 젓가락질을 고치겠노라 다짐했다.

물론 처음에는 잘되지 않았다.

잘되지 않는 정도가 아니라 짜증이 나 포기해버릴까 싶은 마음이 들 정도였다.

그래도 다시 포기해버릴 수는 없는 법.

최후의 방법으로 교정 젓가락을 샀다.

그러고는 주변 사람들에게 내가 젓가락질을 원래대로 하려고 하면 손을 때려달라고 했다.

음식 앞에서 배가 고파도 급하게 굴지 않았다.

예전의 습관이 나오지 않도록 경계하고 또 경계하며 스스로를 다잡았다.

그렇게 한 달 동안 노력했더니 젓가락질이 완벽하게 고쳐졌다.

이제는 나보다 더 '제대로' 젓가락질하는 사람은 없을 것이다.

이제는 의식하지 않아도 젓가락이 바르게 잡히고, 손 모양도 꽤나 자연스럽다.

반복의 힘이다.

이 글을 쓰는 지금까지도 나는 완벽한 젓가락질을 유지 중이다.

자기계발에 공부와 운동만 있다고 단정 짓지 마라.

무엇이든지 간에 나를 위해 끊임없이 노력할 때 내 진가가 빛이 난다.

버킷리스트나 목표가 꼭 거창하지 않아도 된다.

작은 것일지라도 원하는 게 있다면 반복해서 노력하자.

그게 바로 자기계발이다.

이번 달 버킷 리스트

이번 달에 이루고 싶은 버킷 리스트 한 가지를 적고, 이루기 위해 필요한 방법들을 가지치기로 정리해 보세요.

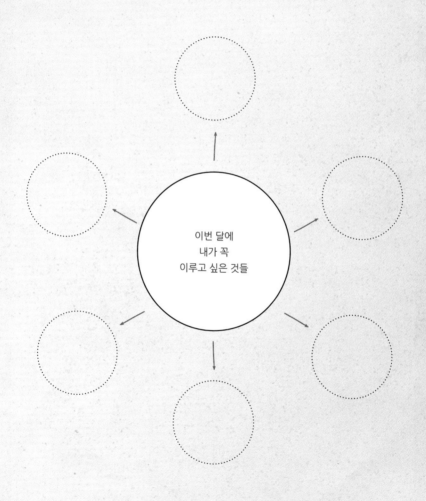

이번 달에
내가 꼭
이루고 싶은 것들

1일

To Do List

☑

오늘의 질문

Q : 가장 최근에 먹은 음식 중 맛있었던 거 알려줘.

A :

오늘의 미션

거울을 보고 사랑한다고 말하며 칭찬하기

긍정 확언 필사

나는 내 꿈을 이루기에 충분한 자질을
갖추고 있으며 충분히 용기 있다.
1년 동안 이 노트를 쓰는 습관으로
지속적인 성장과 성공을 할 것이다.

오늘의 감사일기

_____

_____

_____

_____

_____

_____

_____

_____

2일

To Do List

✔

☐   ☐

☐   ☐

☐   ☐

☐   ☐

☐   ☐

오늘의 질문

Q : 현재 읽고 있는 책 있어?

A :

오늘의 미션

내 외모 중 예쁜 곳 3군데 찾아보기

긍정 확언 필사

어느 날 아침에 깨어났을 때 내가 꼭
하고 싶었던 일들을 할 수 있는 시간이
얼마 없다는 것을 깨닫게 될 것이다.
그러니 나는 지금 시작한다.

-파울로 코엘료

오늘의 감사일기

_____

_____

_____

_____

_____

_____

_____

3일.

To Do List

- [x]
- [ ]
- [ ]
- [ ]
- [ ]

- [ ]
- [ ]
- [ ]
- [ ]
- [ ]

오늘의 질문

Q : 최근에 직접 만들어서 먹어본 요리는?

A :

오늘의 미션

나의 장점 3가지 적어보기

긍정 확언 필사

혁신은 '1,000번 아니오'라고 말하는 것에서
시작된다. 가끔 혁신을 추구하다 실수할 때도
있다. 실수를 빨리 인정하고 또 다른 혁신으로
개선해 나가는 것이 최선이다.

-스티브 잡스

오늘의 감사일기

_____

_____

_____

_____

_____

_____

_____

_____

4일

To Do List

- ☑
- ☐
- ☐
- ☐
- ☐

- ☐
- ☐
- ☐
- ☐
- ☐

오늘의 질문

Q : MBTI 해봤어? 결과가 너랑 잘 맞는 것 같아?

A :

오늘의 미션

부모님께 손 편지 쓰기

긍정 확언 필사

인생에서 성공의 비결은 기회가 왔을 때
잡을 준비가 되어있다는 것이다.
나는 준비된 사람이며,
오는 기회를 반드시 잡을 것이다.

-벤자민 디즈레일리

오늘의 감사일기

_____

_____

_____

_____

_____

_____

_____

_____

To Do List

☑

☐   ☐

☐   ☐

☐   ☐

☐   ☐

☐   ☐

오늘의 질문

Q : 스스로에게 주고 싶은 선물 있어?

A :

오늘의 미션

제일 친한 친구에게 손 편지 쓰기

긍정 확언 필사

'그건 할 수 없어'라는 말을 들을 때마다
나는 성공이 가까워졌음을 확신했다.
나는 나에게 집중할 수 있고 내가
좋아하는 것이 무엇인지 잘 알고 있다.

-마이클 플래틀리

오늘의 감사일기

_____
_____
_____
_____
_____
_____
_____
_____

8월

To Do List

- [x]
- [ ]
- [ ]
- [ ]
- [ ]
- [ ]
- [ ]
- [ ]
- [ ]
- [ ]

오늘의 질문

Q : 누가 인생의 롤 모델이야?

A :

오늘의 미션

아침에 일어나 거울을 보며 1분 동안 웃고 있기

긍정 확언 필사

승자가 즐겨 쓰는 말은 '다시 한번 해보자'이고
패자가 즐겨 쓰는 말은 '해봐야 별 수 없다'이다.
나는 위기를 기회로 바꿀 수 있고
그 기회는 반드시 내 것이 된다.

-탈무드

오늘의 감사일기

_____

_____

_____

_____

_____

_____

_____

To Do List

☑

☐ ☐

☐ ☐

☐ ☐

☐ ☐

☐ ☐

오늘의 질문

Q : 부모님에게 가장 심하게 반항했던 적은 언제야?

A :

오늘의 미션

하루 종일 등 곧게 세우고 있기

긍정 확언 필사

성공은 매일 반복한 작은 노력의 합이다.
나는 꿈을 향해 달려가는 사람이며
반드시 해낼 것이다.

-로버트 콜리어

오늘의 감사일기

4일

To Do List

✔ ☐

☐ ☐

☐ ☐

☐ ☐

☐ ☐

오늘의 질문

Q : 가장 좋아하는 계절은 언제야? 왜 좋아해?

A :

오늘의 미션

하루 종일 다리 꼬지 않기

긍정 확언 필사

꿈꿀 수 있다면, 이룰 수 있다.
한계는 내 안에 있다. 나는 어떤
어려움이 있어도 잘 이겨낼 수 있으며
생각보다 더 강한 사람이다.

-브라이언 트레이서

오늘의 감사일기

_____

_____

_____

_____

_____

_____

_____

9일

To Do List

☑   ☐

☐   ☐

☐   ☐

☐   ☐

☐   ☐

오늘의 질문

Q : 묘비에 썼으면 하는 문구 있어?

A :

오늘의 미션

나에게 선물해 주기(만 원 이하)

긍정 확언 필사

일의 기쁨에 대한 비밀은
한 단어로 '탁월함'이다.
무엇을 잘 할 줄 안다는 것은
곧 이를 즐긴다는 뜻이다.

－펄 벅

오늘의 감사일기

_____

_____

_____

_____

_____

_____

_____

_____

10일

To Do List

☑

☐   ☐

☐   ☐

☐   ☐

☐   ☐

☐   ☐

오늘의 질문

Q : 나를 가장 많이 웃게 만드는 사람은?

A :

오늘의 미션

나에게 손 편지 쓰기

긍정 확언 필사

이 세상에 열정 없이 이루어진
위대한 것은 없다.
나는 행동하는 자이며, 오늘도
내가 원하는 모든 선한 일을 이룰 것이다.

-게오르크 빌헬름

오늘의 감사일기

_____

_____

_____

_____

_____

_____

_____

11일

To Do List

☑   ☐

☐   ☐

☐   ☐

☐   ☐

☐   ☐

오늘의 질문

Q : 가장 최악이었던 직장동료 있어? 왜 그렇게 싫었어?

A :

오늘의 미션

동료나 친구에게 선물해 주기(오천 원 이하)

긍정 확언 필사

한 번의 실패와

영원한 실패를

혼동하지 마라.

-F. 스콧 피츠제럴드

오늘의 감사일기

_____

_____

_____

_____

_____

_____

_____

_____

To Do List

☑

☐   ☐

☐   ☐

☐   ☐

☐   ☐

☐   ☐

오늘의 질문

Q : 작년 계획한 일 중에서 이루지 못해 아쉬운 건 뭐였어?

A :

오늘의 미션

1시간 동안 스마트폰 전원 꺼두기

긍정 확언 필사

목표를 달성하는 비결을 소개하면
그것은 '집중'이다. 목표를 달성하는 사람들은
중요한 것부터 먼저 하고 한 번에
한 가지 일만 수행한다.

-피터 드러커

오늘의 감사일기

13일

To Do List

☑

☐   ☐

☐   ☐

☐   ☐

☐   ☐

☐   ☐

오늘의 질문

Q : 지금 당장 해외여행을 갈 수 있다면 어디로 가고 싶어?

A :

오늘의 미션

친구에게 감정 표현 1번 하기(고마워, 미안해, 기뻐 등등)

긍정 확언 필사

명성을 쌓을 때는 20년이란 세월이 필요하지만,
무너뜨릴 때는 5분도 채 걸리지 않는다.
이 사실을 명심한다면
당신의 행동은 달라질 것이다.

-워런 버핏

오늘의 감사일기

_____
_____
_____
_____
_____
_____
_____
_____

14일

To Do List

☑

오늘의 질문

Q : 50억 복권 당첨! 가장 먼저 하고 싶은 것은?

A :

오늘의 미션

부모님께 사랑한다고 말씀드리기

긍정 확언 필사

성공하고자 하는 자는
길을 찾을 것이며,
그렇지 않은 자는 변명을 구할 것이다.

-레오 아길라

오늘의 감사일기

_____

_____

_____

_____

_____

_____

_____

_____

15일

To Do List

- ☑
- ☐
- ☐
- ☐
- ☐

- ☐
- ☐
- ☐
- ☐
- ☐

오늘의 질문

Q : 건강을 위해서 가장 힘쓰는 나만의 좋은 습관은?

A :

오늘의 미션

오랫동안 연락하지 못했던 친구에게 전화하기

긍정 확언 필사

누구는 바라고
누구는 희망만 하고 있을 때,
또 다른 누군가는
그것을 현실로 이루어낸다.

-마이클 조던

오늘의 감사일기

_____

_____

_____

_____

_____

_____

_____

_____

16일

To Do List

☑

□   □

□   □

□   □

□   □

오늘의 질문

Q : 내 이름으로 3행시를 지어보자.

A :

오늘의 미션

친구의 고민 들어주기

긍정 확언 필사

많은 인생의 실패자들이
자신이 성공에
얼마나 가까이 있는지를 모른 채
포기해버린다.

-토마스 에디슨

오늘의 감사일기

_____

_____

_____

_____

_____

_____

_____

_____

_____

17일

To Do List

✔

☐ ☐

☐ ☐

☐ ☐

☐ ☐

☐ ☐

오늘의 질문

Q : 가장 듣고 싶은 칭찬은 뭐야?

A :

오늘의 미션

휴대폰 연락처 정리하기

긍정 확언 필사

당신은 지체할 수도 있지만
시간은 그러하지 않을 것이다.
이른 아침은 입에 황금을 물고 있다.

-벤자민 프랭클린

오늘의 감사일기

_____

_____

_____

_____

_____

_____

_____

_____

18일

To Do List

✔

오늘의 질문

Q : 남들은 흉내 낼 수 없는 나만의 매력 포인트 한 가지를 써보자.

A :

오늘의 미션

친구에게 연락해 약속 정하기

긍정 확언 필사

전력을 다하여 자신에게 충실하고
올바른 길로 나아가라.
내 생각을 채울 수 있는 것은 나 자신뿐이다.
나를 변화시킬 수 있는 것도 오로지 나뿐이다.

-우렐리우스

오늘의 감사일기

_____

_____

_____

_____

_____

_____

_____

_____

19일

To Do List

- ☑
- ☐
- ☐
- ☐
- ☐

- ☐
- ☐
- ☐
- ☐
- ☐

오늘의 질문

Q : 혹시 요즘 고민 있어?

A :

오늘의 미션

한 끼 요리해 먹기

긍정 확언 필사

명확히 설정된 목표가 없다면,
우리는 사소한 일상을 충실히 살 것이다.
결국 그렇게 일상의 노예가 되고 만다.

-로버트 하인라인

오늘의 감사일기

_____

_____

_____

_____

_____

_____

_____

_____

20일

To Do List

☑

☐   ☐

☐   ☐

☐   ☐

☐   ☐

☐   ☐

오늘의 질문

Q : 가장 좋아하는 연예인은 누구야?

A :

오늘의 미션

아침에 일어나 스트레칭하기

긍정 확언 필사

무엇을 시도할
용기도 없으면서
멋진 삶을 바란단 말인가?

-반 고흐

오늘의 감사일기

_____

_____

_____

_____

_____

_____

_____

_____

21일

To Do List

- [x]
- [ ]
- [ ]
- [ ]
- [ ]

- [ ]
- [ ]
- [ ]
- [ ]
- [ ]

오늘의 질문

Q : 나를 불안하고 초조하게 만드는 이유는 무엇일까?

A :

오늘의 미션

로또 1등 되면 하고 싶은 것 3가지 적어보기

긍정 확언 필사

성공한 사람들이 도달한 높은 봉우리는

단숨에 올라간 것이 아니라

다른 사람들이 자고 있는 동안

한 걸음 한 걸음 힘들여 올라간 것이다.

-R. 브라우닝

오늘의 감사일기

_____

_____

_____

_____

_____

_____

_____

_____

To Do List

- ☑
- ☐
- ☐
- ☐
- ☐

- ☐
- ☐
- ☐
- ☐
- ☐

오늘의 질문

Q : 나의 이상형은?

A :

오늘의 미션

돼지 저금통 사기

긍정 확언 필사

나는 주변에 있던 모든 사람들을
밀어내면서 성공하지 않았다.
모두를 받쳐 올려주었기 때문에
성공한 것이다.

-조지 루카스

오늘의 감사일기

23일

To Do List

☑

오늘의 질문

Q : 오늘 너를 힘들게 한 건 무엇이었어?

A :

오늘의 미션

지금 나에게 필요한 영양제 구입하기

긍정 확언 필사

뜻을 세운다는 것은 목표를 선택하고
그 목표에 도달할 행동 과정을 결정하고
그 목표에 도달할 때까지 결정한 행동을
계속하는 것이다. 중요한 것은 행동이다.

-마이클 핸슨

오늘의 감사일기

_____

_____

_____

_____

_____

_____

_____

_____

24일

To Do List

✔

□ □

□ □

□ □

□ □

□ □

오늘의 질문

Q : 배고플 때 배고픔을 참는 나만의 방법은?

A :

오늘의 미션

부모님께 전화드리기

긍정 확언 필사

어리석은 자는 실천하기보다는
끊임없이 회의하지만,
지혜로운 사람은
고뇌하기보다는 실천한다.

-사티쉬 쿠마르

오늘의 감사일기

_____

_____

_____

_____

_____

_____

_____

_____

25일

To Do List

☑

오늘의 질문

Q : 가장 좋아하는 동물은 뭐야?

A :

오늘의 미션

좋아하는 음악 리스트 만들기

긍정 확언 필사

나는 나의 그림을
그리는 꿈을 꾸었고
그리고 나서
나의 꿈을 그리게 되었다.

-빈센트 반 고흐

오늘의 감사일기

26일

To Do List

✔   ☐

☐   ☐

☐   ☐

☐   ☐

☐   ☐

오늘의 질문

Q : 놀이공원에서 첫 번째로 타는 놀이 기구와 마지막으로 타는 놀이 기구는?

A :

오늘의 미션

30분 동안 걸으며 산책하기

긍정 확언 필사

우리 모두 살면서
몇 번의 실패를 겪는다.
그리고 바로 그 실패가
우리를 성공할 수 있도록 준비시킨다.

-랜디 K. 멀홀랜드

오늘의 감사일기

_____
_____
_____
_____
_____
_____
_____
_____

27일

To Do List

☑

☐ ☐

☐ ☐

☐ ☐

☐ ☐

☐ ☐

오늘의 질문

Q : 좋은 소식과 나쁜 소식 중 어떤 거 먼저 들을래?

A :

오늘의 미션

밀가루 없는 하루 보내기

긍정 확언 필사

성공으로 바로 가는 엘리베이터는 없다.
성공을 위해서는 반드시
계단으로 올라가야 한다.

-지그 지글러

오늘의 감사일기

_____

_____

_____

_____

_____

_____

_____

_____

28일

To Do List

✔

☐   ☐

☐   ☐

☐   ☐

☐   ☐

☐

오늘의 질문

Q : 이사 가고 싶은 동네가 있어?

A :

오늘의 미션

하루 종일 반듯하게 앉아 있기

긍정 확언 필사

사나운 말도 잘 길들이면 명마가 되고, 품질이
나쁜 쇠붙이도 잘 다루면 훌륭한 그릇이 되듯이
사람도 마찬가지다. 타고난 천성이 좋지 않아도
열심히 노력하면 뛰어난 인물이 될 수 있다.

-'채근담' 중에서

오늘의 감사일기

_____

_____

_____

_____

_____

_____

_____

_____

29일

To Do List

☑ ☐

☐ ☐

☐ ☐

☐ ☐

☐ ☐

오늘의 질문

Q : 너만 아는 이 세상의 비밀이 있어?

A :

오늘의 미션

평소 취침시간보다 30분 빨리 자기

긍정 확언 필사

고정 관념에 사로잡혀 있지는 않은가?
계속 생각하는 과정에서
진화가 일어난다.

-손정의

오늘의 감사일기

_____

_____

_____

_____

_____

_____

_____

_____

30일

To Do List

☑

□　　　　　　　　□

□　　　　　　　　□

□　　　　　　　　□

□

오늘의 질문

Q : 꼭 지키는 미신 같은 거 있어?

A :

오늘의 미션

하루 동안 SNS 하지 않기

긍정 확언 필사

실패하면 넘어지면서도 싸워라.
무슨 일을 해도 포기하지 말라.
마지막까지 눈을 똑바로 뜨고
머리를 쳐들고 한번 끝까지 해보라!

-에드거 A. 게스트

오늘의 감사일기

_____

_____

_____

_____

_____

_____

_____

_____

31일

To Do List

✔ ☐

☐ ☐

☐ ☐

☐ ☐

☐ ☐

오늘의 질문

Q : 엄마가 좋아, 아빠가 좋아?

A :

오늘의 미션

근처 서점 방문하기

긍정 확언 필사

현명한 자라면

찾아낸 기회보다

더 많은 기회를 만들 것이다.

-프랜시스 베이컨

오늘의 감사일기

_____

_____

_____

_____

_____

_____

_____

_____

___ 헐

사람들의 관심을 별로 받지 못하던 환경문제가 어느 새부터가 갑자기 화두에 올랐다.

대형 커피 브랜드에서는 친환경 빨대를 사용하고,

소비자들 사이에서는 텀블러를 사용하자는 운동이 활발해졌다.

솔직히 난 환경에 별로 관심을 두고 있진 않았었다.

그러던 어느 날,

여느 때치럼 sns에 식단 기록을 하면서 그날 마신 커피 사진을 올렸는데

모르는 분에게 이런 메시지가 왔다.

"선녀 님 같이 영향력 있는 분이 텀블러 사용을 해주시면 많은 분들이 따라 하실 것 같아요."

처음에는 좀 당황스럽긴 했지만 생각해 보니 틀린 말이 아니었다.

그때부터 틈틈이 유튜브로 환경 다큐를 찾아보기 시작했다.

사람의 이기심으로 피해를 입는 동물들부터

곧 세상이 파묻힐 것 같은 어마어마한 양의 쓰레기까지.

모르고 있던 내용이 너무 많았고, 모든 게 충격이었다.

"그래, 텀블러를 갖고 다니자!"

그래서 정한 나만의 이번 달 목표는 '일회용 줄이기'다.

매일 텀블러를 가지고 다니는 건 물론, 나무젓가락이나 빨대도 사용하지 않기로 했다.

편의점에서 생각 없이 받아오는 비닐봉지도 받지 않았다.

너무 늦은 것 같아 지구에게 미안한 마음이지만

지금이라도, 나부터라도 바꾸자는 마음으로 한 달 동안 노력하다 보니 습관이 생겼다.

이렇게 한다고 누가 칭찬해 주는 건 아니다.

하지만 나 스스로의 뿌듯함과 자연의 감사함을 저절로 느끼게 된다.

의식적으로 노력해야겠다고 마음먹지 않았으면 절대 달라지지 않았을 일이다.

아침마다 펼쳐보았던 나의 이번 달 목표와 'to do list'는

마음이 해이해져 습관을 바로잡지 않고 다시 옛날로 돌아가려는 매일의 나를

계속해서 다잡아주고 바뀌게 만들었다.

그리고 하루하루 더 달라진 내가 되고 싶게끔 만들었다.

지금도.

이번 달 버킷 리스트

이번 달에 이루고 싶은 버킷 리스트 한 가지를 적고, 이루기 위해 필요한 방법들을 가지치기로 정리해 보세요.

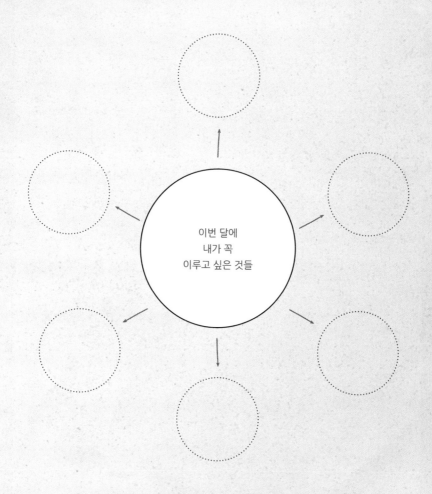

이번 달에
내가 꼭
이루고 싶은 것들

32일

To Do List

☑

오늘의 질문

Q : 돌아가고 싶은 나이가 있다면 몇 살로 돌아가고 싶어?

A :

오늘의 미션

유튜브로 동기부여 영상 1편 이상 보기

궁정 확언 필사

성공에는 비밀이 없다.
성공한 사람치고 성공에 대해
말하지 않는 사람을 본 적 있는가?

-킨 허바드

오늘의 감사일기

_____

_____

_____

_____

_____

_____

_____

_____

33일

To Do List

✔

오늘의 질문

Q : 다시 태어나면 무엇으로 태어나고 싶어?

A :

오늘의 미션

물 5잔 이상 마시기

긍정 확언 필사

대부분의 사람은
마음먹은 만큼 행복해진다.

-에이브러햄 링컨

오늘의 감사일기

_____

_____

_____

_____

_____

_____

_____

_____

34일

To Do List

- ✔
- ☐   ☐
- ☐   ☐
- ☐   ☐
- ☐   ☐
-      ☐

오늘의 질문

Q : 방 청소를 잘하는 편이야?

A :

오늘의 미션

방 청소하기

긍정 확언 필사

스스로를 신뢰하는 사람만이
다른 사람들에게 성실할 수 있다.

-에리 프롬

오늘의 감사일기

To Do List

✔

오늘의 질문

Q : 가장 좋았던 해외 여행지는 어디였어?

A :

오늘의 미션

오늘 만나는 사람들마다 칭찬 한 마디씩 해주기

긍정 확언 필사

스스로의 힘으로
실천하지 않는 것은
자포자기와 같다.

-퇴계 이황

오늘의 감사일기

_____

_____

_____

_____

_____

_____

_____

_____

36일

To Do List

☑

☐   ☐

☐   ☐

☐   ☐

☐   ☐

☐   ☐

오늘의 질문

Q : 갖고 있는 자격증이 뭐야?

A :

오늘의 미션

제일 좋아하는 표정으로 셀카 찍기

● 월 ● 일

긍정 확언 필사

계획 없는 목표는
한낱 꿈에 불과하다.

-생텍쥐페리

오늘의 감사일기

To Do List

☑

☐   ☐

☐   ☐

☐   ☐

☐   ☐

오늘의 질문

Q : 학교 다닐 때 가장 좋아했던 과목과 싫어했던 과목은?

A :

오늘의 미션

나에게 시집 한 권 선물하기

긍정 확언 필사

자신의 본성이 어떤 것이든 그에 충실하라.
자신이 가진 '재능'의 끈을 놓아버리지 마라.
본성이 이끄는 대로 따르면 '성공'할 것이다.

-시드니 스미스

오늘의 감사일기

31일

To Do List

☑

☐   ☐

☐   ☐

☐   ☐

☐   ☐

☐   ☐

오늘의 질문

Q : 지금 당장 소원 3가지를 말한다면?

A :

오늘의 미션

입지 않는 옷 정리하기

긍정 확언 필사

항상 쾌활함을 유지하는 비결은
사소한 일에 얽매이지 않으면서
운명이 가져다주는 작은 기쁨에
감사하는 것이다.

-스마일스

오늘의 감사일기

To Do List

☑

☐   ☐

☐   ☐

☐   ☐

☐   ☐

오늘의 질문

Q : 좋아하는 색은 뭐야?

A :

오늘의 미션

밀린 빨래 모두 해버리기

긍정 확언 필사

승자는 강한 사람이 아니라
오래 살아남는 사람이다.
마지막에 웃는 사람이 승자이다.

-사마의

오늘의 감사일기

_____

_____

_____

_____

_____

_____

_____

_____

40일

To Do List

☑

오늘의 질문

Q : 첫사랑 얘기 들려주라.

A :

오늘의 미션

자기 전부터 2시간 동안 누워있지 않기

긍정 확언 필사

행동이 반드시
행복을 안겨주지 않을지는 몰라도
행동 없는 행복이란 없다.

-윌리엄 제임스

오늘의 감사일기

_____

_____

_____

_____

_____

_____

_____

_____

41일

To Do List

☑

오늘의 질문

Q : 가장 많이 접속하는 사이트는 어디야?

A :

오늘의 미션

오후 5시 이후부터 군것질하지 않기

긍정 확언 필사

재능은 누구나 가지고 있지만
재능을 실현하기 위해 걸어야 할 어려운 과정을
밟을 용기를 지닌 사람은 드물다.

-에리카 종

오늘의 감사일기

To Do List

☑

☐   ☐

☐   ☐

☐   ☐

☐   ☐

☐

오늘의 질문

Q : 요즘 뉴스에 매일같이 나오는 이야기는 뭐야?

A :

오늘의 미션

일어나서 10분간 명상하기

긍정 확언 필사

선수 생활 중에서 나는 9,000개가 넘는 슛을
놓쳤다. 거의 300회 경기에서 패배를 경험했고,
경기를 뒤집을 수 있는 기회를 26번 놓쳤다.
나는 살아오면서 계속해서 실패를 거듭했다.
그것이 내가 성공한 이유다.

-마이클 조던

오늘의 감사일기

_____

_____

_____

_____

_____

_____

_____

_____

43일

To Do List

- ✔
- ☐
- ☐
- ☐
- ☐

- ☐
- ☐
- ☐
- ☐
- ☐

오늘의 질문

Q : 들었던 명언 중에 가장 와닿았던 명언은?

A :

오늘의 미션

신나는 노래 들으며 폭풍 댄스 추기

긍정 확언 필사

성공한 사람들은 실패한 사람들이 하기
싫어하는 일을 한다. 그들도 하기 싫기는 마찬가
지다. 다만 하기 싫은 마음보다 목표를
달성하려는 마음이 크기 때문에 하는 것이다.

-앨버트 그레이

오늘의 감사일기

44일

To Do List

- [x]
- [ ]
- [ ]
- [ ]
- [ ]

- [ ]
- [ ]
- [ ]
- [ ]
- [ ]

오늘의 질문

Q : 재테크는 어떻게 하고 있어?

A :

오늘의 미션

오늘 하루 나에게 세 번 칭찬해주기

긍정 확언 필사

열심히 노력해놓고 마지막 순간에 포기해
모든 것을 제로로 만들어 버리기는 싫었다.
세상에서 가장 힘들고 중요한 건 마지막 1분,
그 한계의 순간이 아닐까.

-김연아

오늘의 감사일기

45일

To Do List

✓ ☐　☐

☐　☐

☐　☐

☐　☐

☐　☐

오늘의 질문

Q : 명예가 중요할까, 돈이 중요할까?

A :

오늘의 미션

남을 미워하지 않는 하루 보내기(험담이나 미운 생각이 '들면 스톱!)

긍정 확언 필사

여행과 변화를 사랑하는 사람은
생명이 있는 사람이다.

-리하르트 바그너

오늘의 감사일기

_____

_____

_____

_____

_____

_____

_____

_____

_____

46일

To Do List

✔ ☐ ☐
☐ ☐
☐ ☐
☐ ☐
☐ ☐

오늘의 질문

Q : 일회용을 줄이기 위해 어떤 노력을 해봤어?

A :

오늘의 미션

욕하지 않기

긍정 확언 필사

'요만큼'이나 '요 정도'는 내게 있을 수 없었다.
'더 하려야 더 할 게 없는'
마지막의 마지막까지 다하는 최선,
이것이 내 인생을 엮어온 나의 기본이다.

-정주영

오늘의 감사일기

_____

_____

_____

_____

_____

_____

_____

_____

47일

To Do List

- ☑
- ☐
- ☐
- ☐
- ☐
- ☐
- ☐
- ☐
- ☐
- ☐

오늘의 질문

Q : 핸드폰을 바꾼다면 어떤 걸로 바꾸고 싶어?

A :

오늘의 미션

인터넷으로 시사 뉴스 찾아보기

긍정 확언 필사

배움은 우연히 얻어지는 것이 아니라
열성을 다해 갈구하고 부지런히
집중해야 얻을 수 있는 것이다.

-애비게일 애덤스

오늘의 감사일기

48일

To Do List

☑   ☐

☐   ☐

☐   ☐

☐   ☐

☐   ☐

오늘의 질문

Q : 남들에게 들키고 싶지 않은 나만의 콤플렉스는?

A :

오늘의 미션

구글에 내 이름, 내 아이디 검색해 보기

긍정 확언 필사

인생은 풀어야 하는 문제가 아니라,

경험해야 하는 현실이다.

-쇠렌 키르케고르

오늘의 감사일기

49일

To Do List

☑

☐   ☐

☐   ☐

☐   ☐

☐   ☐

☐   ☐

오늘의 질문

Q : 가장 게을러지는 순간은 언제야?

A :

오늘의 미션

라디오에 나만의 사연 보내기

긍정 확언 필사

인간사에는 안정된 것이
하나도 없음을 기억하라.
그러므로 성공에 들뜨거나
역경에 지나치게 의기소침하지 마라.

-소크라테스

오늘의 감사일기

To Do List

☑

☐ ☐

☐ ☐

☐ ☐

☐ ☐

☐

오늘의 질문

Q : 다이어리 쓰는 거 재밌어?

A :

오늘의 미션

활짝 웃은 채로 증명사진 찍기

●월 ●일

긍정 확언 필사

사람들이 말하는 것처럼
나는 하루아침에 성공했다.
하지만 그 아침을 맞이하기 위해
30년이나 긴 밤을 보내야 했다.

-레이 크록

오늘의 감사일기

_____
_____
_____
_____
_____
_____
_____

51일

To Do List

✔ ☐

☐ ☐

☐ ☐

☐ ☐

☐ ☐

오늘의 질문

Q : 침대가 좋아, 소파가 좋아?

A :

오늘의 미션

나에게 맞는 운동, 좋아하는 운동 찾아보기

긍정 확언 필사

눈이 먼 것보다 더 안 좋은 게 있을까?
있다.
볼 수는 있지만 비전이 없는 사람.

-헬렌 켈러

오늘의 감사일기

_____

_____

_____

_____

_____

_____

_____

_____

_____

52일

To Do List

☑

오늘의 질문

Q : 부모님 생신 때 어떤 선물을 해드렸어?

A :

오늘의 미션

어제 정한 운동 시작하기

긍정 확언 필사

과오를 범하고 고치지 않는 자는
또 다른 과오를 범하고 있는 것이다.

-공자

오늘의 감사일기

_____

_____

_____

_____

_____

_____

_____

_____

_____

53일

To Do List

✓ ☐ ☐ ☐
☐ ☐
☐ ☐
☐ ☐
☐

오늘의 질문

Q : 위험에 빠졌을 때 단 한 명에게만 전화한다면 누구에게 할 거야?

A :

오늘의 미션

그동안 인터넷에 달았던 내 댓글들 찾아보기(좋지 않은 댓글이 있다면 삭제!)

긍정 확언 필사

훌륭한 사람은 실패를 통해
지혜에 도달하기 때문에
훌륭한 것이다.

-윌리엄 사로얀

오늘의 감사일기

_____

_____

_____

_____

_____

_____

_____

_____

54일

To Do List

- [x]
- [ ]
- [ ]
- [ ]
- [ ]
- [ ]
- [ ]
- [ ]
- [ ]
- [ ]

오늘의 질문

Q : 가장 좋아하는 친구 3명만 적어봐.

A :

오늘의 미션

일회용품 사용하지 않기(종이컵, 빨대 사용하지 않기)

긍정 확언 필사

인생을 다시 산다면,
나는 똑같은 실수를 조금 더
일찍 저지를 것이다.

-탈룰라 뱅크헤드

오늘의 감사일기

_____
_____
_____
_____
_____
_____
_____
_____
_____

55일

To Do List

✔

오늘의 질문

Q : 가장 힘들었던 다이어트는?

A :

오늘의 미션

오늘 하루 예산 짜보고 예산 내에서만 지출하기

긍정 확언 필사

성공한 사람은 대개 지난번 성취한 것보다
다소 높게, 그러나 과하지 않게
다음 목표를 세운다. 이렇게 꾸준히
자신의 포부를 키워간다.

-커트 르윈

오늘의 감사일기

To Do List

☑

☐   ☐

☐   ☐

☐   ☐

☐   ☐

오늘의 질문

Q : 어렸을 때 장래희망이 뭐야?

A :

오늘의 미션

1시간 동안 달려보기

긍정 확언 필사

결국 삶이란

여러분이 되고자 했던

완벽한 인격체로 거듭나는 것입니다.

-오프라 윈프리

오늘의 감사일기

_____

_____

_____

_____

_____

_____

_____

57일

To Do List

✔

☐   ☐

☐   ☐

☐   ☐

☐   ☐

☐   ☐

오늘의 질문

Q : 요즘 신조어 많이 알고 있어?

A :

오늘의 미션

커피 없이 하루 보내기

긍정 확언 필사

'여기까지'라는 단어는 없습니다.
세상은 '항상 지금부터'입니다.

-김태원

오늘의 감사일기

5번일

To Do List

☑

□ □

□ □

□ □

□ □

□ □

오늘의 질문

Q : 전원주택과 아파트 중 어디가 더 좋아?

A :

오늘의 미션

내일 새벽에 일어나 보기

●월 ●일

긍정 확언 필사

소신껏 이룬 성공이 아니라면,
남 보기에 좋아도 스스로가 좋다고
느끼지 못한다면 그것은 전혀
성공이 아니다.

-안나 퀸들런

오늘의 감사일기

_____
_____
_____
_____
_____
_____
_____
_____

To Do List

☑

☐   ☐

☐   ☐

☐   ☐

☐   ☐

☐   ☐

오늘의 질문

Q : 말실수 크게 해본 적 있어?

A :

오늘의 미션

스마트폰은 거실에 두고 자기

긍정 확언 필사

인생에서 성공하려거든 끈기를 죽마고우로,
경험을 현명한 조언자로, 신중을 형님으로,
희망을 수호신으로 삼으라.

-조지프 애디슨

오늘의 감사일기

──월

어느 날부터인가 눈이 침침하고 시력이 떨어진 것 같은 느낌이 들었다.

몇 년 전까지만 해도 친구들 사이에서 독수리냐는 별명까지 들을 만큼

시력이 좋았던 나였는데 말이다.

친구와 길을 걷다가도 멀리 있는 간판을 보면서 친구에게 내 시력을 자랑할 정도로

시력 하나는 자신 있었기 때문에 단번에 눈이 나빠진 걸 알아챌 수 있었다.

덜컥 겁이 났다.

시력은 한번 떨어지면 돌이킬 수 없을뿐더러

안경 쓰는 건 정말 싫고, 수술하는 건 더더욱 싫었으니까.

눈 시력이 얼마나 떨어졌는지 당장 알 수는 없었지만

확실히 안 좋아졌다는 걸 느끼고 나니 일상 습관을 바꿔야겠다는 생각부터 들었다.

내 습관을 돌이켜보니 나쁜 건 다 하고 있었다.

- 평소 스마트폰을 많이 들여다보는 것

- 잠들기 전에 누워서 스마트폰을 만지는 것

- 어두운 곳에서 텔레비전 보는 것

사실 다 알고 있었다.

애써 모른 척 한 채로 고치려고 하지 않았을 뿐이다.

바로 인터넷에 검색해 블루 라이트 차단을 해준다는 안경을 샀다.

잠들기 전에는 딱 10분만 스마트폰을 보기로 했다.

텔레비전도 되도록 밝은 조명에서 보려고 노력하면서

스마트폰 만지는 시간 점차 줄여나갔다.

하루에 한 번 눈 마사지도 해줬다.

이미 지난 두 달 동안 작은 습관들을 바꿔봤기 때문에

습관 성형이 주는 변화가 얼마나 재밌는지 잘 알고 있다.

그래서 그런지 이것도 바꿀 수 있을 것 같다는 자신감이 들었다.

이번 달만 지키고 이후부터는 맘대로 하겠다는 일시적인 목표가 아니라

평생 가져갈 습관을 만들자는 장기적인 목표였다.

그렇기 때문에 계속 의식하면서 노력하는 게 별로 어렵지 않았다.

부모님이 만들어주신 몸,

그것을 가장 소중하게 다루는 게 제일의 효도라고 생각한다.

이번 달 버킷 리스트

이번 달에 이루고 싶은 버킷 리스트 한 가지를 적고, 이루기 위해 필요한 방법들을 가지치기로 정리해 보세요.

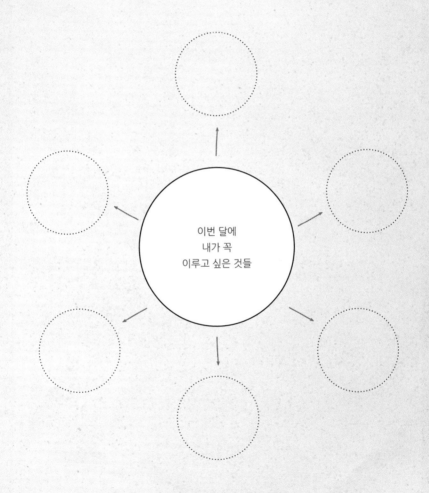

이번 달에
내가 꼭
이루고 싶은 것들

60일

To Do List

✔ ☐

☐ ☐

☐ ☐

☐ ☐

☐ ☐

오늘의 질문

Q : 추천하고 싶은 인생 노래가 있다면?

A :

오늘의 미션

서랍 정리하기

긍정 확언 필사

위대한 이들은 목적을 갖고,
그 외의 사람들은 소원을 갖는다.

-워싱턴 어빙

오늘의 감사일기

61일

To Do List

- [x]
- [ ]
- [ ]
- [ ]
- [ ]
- [ ]
- [ ]
- [ ]
- [ ]
- [ ]

오늘의 질문

Q : 집에 들어오자마자 하는 나만의 행동은?

A :

오늘의 미션

자기 전에 한 시간 동안 책 읽기

긍정 확언 필사

시작이 반이다.
불가능해 보이는 것은
불확실한 가능성보다 항상 더 낫다.

-아리스토텔레스

오늘의 감사일기

_____

_____

_____

_____

_____

_____

_____

_____

To Do List

☑

☐   ☐

☐   ☐

☐   ☐

☐   ☐

오늘의 질문

Q : 성형수술을 하고 싶다면 어디가 하고 싶어?

A :

오늘의 미션

자기 전에 기도하기

긍정 확언 필사

사람을 판단하는 최고의 척도는
안락하고 편안한 시기에 보여주는
모습이 아닌, 도전하며 논란에 휩싸인 때
보여주는 모습이다.

-마틴 루서 킹

오늘의 감사일기

_____

_____

_____

_____

_____

_____

_____

63일

To Do List

☑ ☐
☐ ☐
☐ ☐
☐ ☐
☐ ☐

오늘의 질문

Q : 몇 살까지 살고 싶어?

A :

오늘의 미션

9시 뉴스 끝까지 보기

긍정 확언 필사

내 마음에 동요가 일고 마음속에서
"원해, 정말 원해, 정말 정말 원해!"라고
외쳤다. 그 소리는 매일 오후면 들렸고
떨쳐버리려 노력할수록 커졌다.

-솔 벨로

오늘의 감사일기

_____

_____

_____

_____

_____

_____

_____

_____

64일

To Do List

- ☑
- ☐
- ☐
- ☐
- ☐

- ☐
- ☐
- ☐
- ☐
- ☐

오늘의 질문

Q : 통일이 되었으면 좋겠어?

A :

오늘의 미션

재활용 분리수거함 만들기

긍정 확언 필사

무릅써라! 그 어떤 위험도 무릅써라!
다른 이들의 말, 그들의 목소리에 더 이상
신경 쓰지 마라. 세상에서 가장 어려운 것에
도전하라. 스스로 행동하라. 진실을 대면하라.

-캐서린 맨스필드

오늘의 감사일기

65일

To Do List

☑

□   □

□   □

□   □

□   □

□   □

오늘의 질문

Q : 오늘 카톡을 가장 많이 나눈 사람은?

A :

오늘의 미션

예쁜 가계부 하나 장만하기

긍정 확언 필사

인생이 끝날까 두려워하지 마라.
당신의 인생이 시작조차 하지 않을 수 있음을
두려워하라.

-그레이스 한슨

오늘의 감사일기

_____

_____

_____

_____

_____

_____

_____

_____

_____

66일

To Do List

- ☑
- ☐
- ☐
- ☐
- ☐

- ☐
- ☐
- ☐
- ☐
- ☐

오늘의 질문

Q : 너에게 라이벌이 있다면?

A :

오늘의 미션

쓰지 않는 콘센트 뽑아 놓기

긍정 확언 필사

당신이 열정의 대상이라면 창문을 박차고
뛰어내려라. 열정을 느낀다면
그것에서 도망쳐라.
열정은 지나고 지루함은 남는다.

-가브리엘 샤넬

오늘의 감사일기

69일

To Do List

✔

☐   ☐

☐   ☐

☐   ☐

☐   ☐

☐   ☐

오늘의 질문

Q : 갑자기 내일부터 일주일의 휴가가 주어진다면 뭘 하고 싶어?

A :

오늘의 미션

지금 바로 옆에 있는 사람에게 애교 부리기(혼자라면, 제일 먼저 만나는 사람에게)

긍정 확언 필사

민음이 부족하기 때문에
도전하길 두려워하는 바,
나는 스스로를 믿는다.

-무하마드 알리

오늘의 감사일기

_____

_____

_____

_____

_____

_____

_____

_____

_____

68일

To Do List

☑

오늘의 질문

Q : 지금 당장 먹고 싶은 음식은?

A :

오늘의 미션

평소보다 더 신경 써 꾸며보기(헤어스타일 더 신경 써보기)

긍정 확언 필사

인생에서 가장 의미 없이 보낸 날은
웃지 않고 보낸 날이다.

-E. E. 커밍스

오늘의 감사일기

_____

_____

_____

_____

_____

_____

_____

_____

69일

To Do List

✔	□
□	□
□	□
□	□
□	□

오늘의 질문

Q : 너는 긍정적인 사람이야, 부정적인 사람이야?

A :

오늘의 미션

건강검진 예약하기

궁정 확언 필사

꿈을 기록하는 것이
나의 목표였던 적은 없다,
꿈을 실현하는 것이 나의 목표다.

-만 레이

오늘의 감사일기

_____

_____

_____

_____

_____

_____

_____

70일

To Do List

☑

오늘의 질문

Q : 갖고 싶은 명품이 있다면?

A :

오늘의 미션

칫솔 새것으로 바꾸기

긍정 확언 필사

희망은 어둠 속에서 시작된다.
일어나 옳은 일을 하려 할 때,
고집스러운 희망이 시작된다. 새벽은 올 것이다.
기다리고 보고 일하라. 포기하지 말라.

-앤 라모트

오늘의 감사일기

_____

_____

_____

_____

_____

_____

_____

_____

_____

71일

To Do List

☑

☐ ☐

☐ ☐

☐ ☐

☐ ☐

☐

오늘의 질문

Q : 최근에 다녀온 결혼식 있어?

A :

오늘의 미션

평소 인생 영화라고 생각했던 영화 다시 보기

긍정 확언 필사

함께 있을 때 웃음이 나오지 않는 사람과는
결코 진정한 사랑에 빠질 수 없다.

-아그네스 리플라이어

오늘의 감사일기

_____

_____

_____

_____

_____

_____

_____

_____

_____

72일

To Do List

☑

오늘의 질문

Q : 고3에게 조언하고 싶은 말이 있다면?

A :

오늘의 미션

하루 동안 탄산음료 먹지 않기

긍정 확언 필사

불가능이 무엇인가는 말하기 어렵다.
어제의 꿈은 오늘의 희망이며
내일의 현실이기 때문이다.

-로버트 고다드

오늘의 감사일기

_____

_____

_____

_____

_____

_____

_____

73일

To Do List

- [x]
- [ ]
- [ ]
- [ ]
- [ ]

- [ ]
- [ ]
- [ ]
- [ ]
- [ ]

오늘의 질문

Q : 질투 나는 사람 있어?

A :

오늘의 미션

신선한 샐러드로 한 끼 먹기

긍정 확언 필사

우리가 무슨 생각을 하느냐가
우리가 어떤 사람이 되는지를 결정한다.

-오프라 윈프리

오늘의 감사일기

_____

_____

_____

_____

_____

_____

_____

_____

74일

To Do List

☑

☐   ☐

☐   ☐

☐   ☐

☐   ☐

☐   ☐

오늘의 질문

Q : 바꾸기 힘든 나만의 습관은?

A :

오늘의 미션

좋아하는 캐릭터 직접 그려보기

긍정 확언 필사

가장 현명한 사람은
자신만의 방향을 따른다.

-에우리피데스

오늘의 감사일기

_____

_____

_____

_____

_____

_____

_____

_____

75일

To Do List

- [x]
- [ ]
- [ ]
- [ ]
- [ ]

- [ ]
- [ ]
- [ ]
- [ ]
- [ ]

오늘의 질문

Q : 마지막으로 펑펑 울어본 적이 언제야?

A :

오늘의 미션

쌓여 있는 카드 포인트로 결제해 보기(멤버십 포인트도 사용해 보기!)

긍정 확언 필사

인간은 양도할 수 없는
자기 계발 권리를 지닌다.

- 저메인 그리어

오늘의 감사일기

_____

_____

_____

_____

_____

_____

_____

_____

_____

7월

To Do List

☑

☐　　　　　☐

☐　　　　　☐

☐　　　　　☐

☐　　　　　☐

☐　　　　　☐

오늘의 질문

Q : 오늘 하루 즐거웠어?

A :

오늘의 미션

책상에 탁상 거울 놓기

긍정 확언 필사

낙관주의는 성공으로 인도하는 믿음이다.
희망과 자신감이 없으면
아무것도 이루어질 수 없다.

- 헬렌 켈러

오늘의 감사일기

77일

To Do List

☑

오늘의 질문

Q : 매일 빠뜨리지 않고 꼭 먹는 음식이 있다면?

A :

오늘의 미션

트로트 듣기

긍정 확언 필사

실패가 나태함에 대한
유일한 징벌은 아니다.
다른 이들의 성공도 있지 않은가.

-쥘 르나르

오늘의 감사일기

_____
_____
_____
_____
_____
_____
_____
_____
_____

경일

To Do List

✔ ☐

☐ ☐

☐ ☐

☐ ☐

☐ ☐

오늘의 질문

Q : 투명 인간이 된다면 뭘 하고 싶어?

A :

오늘의 미션

평소보다 10분 더 빨리 일어나기

긍정 확언 필사

아무 하는 일 없이
시간을 허비하지 않겠다고 맹세하라.
우리가 항상 뭔가를 한다면
놀라우리만치 많은 일을 해낼 수 있다.

-토마스 제퍼슨

오늘의 감사일기

_____

_____

_____

_____

_____

_____

_____

_____

79일

To Do List

- ☑
- ☐
- ☐
- ☐
- ☐

- ☐
- ☐
- ☐
- ☐
- ☐

오늘의 질문

Q : 가장 좋아하는 요일과 싫어하는 요일은?

A :

오늘의 미션

오늘 하루는 몸무게 재지 않기(반대로 요즘 몸무게를 잘 재지 않았다면 재보기!)

긍정 확언 필사

나의 어느 부분도
원래부터 있었던 것은 없다.
나는 모든 지인들의 노력의 집합체다.

-척 팔라닉

오늘의 감사일기

_____

_____

_____

_____

_____

_____

_____

_____

10일

To Do List

- ☑
- ☐
- ☐
- ☐
- ☐

- ☐
- ☐
- ☐
- ☐
- ☐

오늘의 질문

Q : 너의 단점을 적어보자.

A :

오늘의 미션

오늘 하루는 술 마시지 않기(혹은 이번 주 절주 계획 세워보기)

긍정 확언 필사

성공한 사람이 아니라
가치 있는 사람이 되기 위해 힘쓰라.

-알버트 아인슈타인

오늘의 감사일기

_____

_____

_____

_____

_____

_____

_____

_____

_____

To Do List

☑

☐   ☐

☐   ☐

☐   ☐

☐   ☐

☐   ☐

오늘의 질문

Q : 오늘 몇 번 욕했어?

A :

오늘의 미션

하루 동안 화내지 않기

긍정 확언 필사

가장 위대한 영광은
한 번도 실패하지 않음이 아니라
실패할 때마다 다시 일어서는 데에 있다.

-공자

오늘의 감사일기

_____

_____

_____

_____

_____

_____

_____

_____

82일

To Do List

- [x]
- [ ]
- [ ]
- [ ]
- [ ]
- [ ]
- [ ]
- [ ]
- [ ]
- [ ]

오늘의 질문

Q : 마지막으로 통화한 사람은?

A :

오늘의 미션

기부하기(천 원, 만 원처럼 소소한 금액도 좋아!)

긍정 확언 필사

어떤 것이
당신의 계획대로 되지 않는다고 해서
그것이 불필요한 것은 아니다.

-토마스 A. 에디슨

오늘의 감사일기

_____

_____

_____

_____

_____

_____

_____

_____

83일

To Do List

✔

오늘의 질문

Q : 부모님은 너를 어떻게 생각하실까?

A :

오늘의 미션

샤워할 때 18번 곡 틀어놓고 따라 부르며 샤워하기

긍정 확언 필사

성공하려고 아무리 열심히 노력해도
실패에 대한 두려움이 마음에 가득하다면,
노력은커녕 정진이 허사가 되어
성공은 불가능해질 것이다.

- 보두앵

오늘의 감사일기

84일

To Do List

- ✔
- ☐
- ☐
- ☐
- ☐
- ☐
- ☐
- ☐
- ☐
- ☐

오늘의 질문

Q : 지금 당장 누가 가장 보고 싶어?

A :

오늘의 미션

자기 전에 마스크팩하고 자기

긍정 확언 필사

단지 누구를 사랑한다고 해서
무조건 감싸야 한다는 뜻은 아니다.
사랑은 상처를 덮는 붕대가 아니다.

-휴 엘리엇

오늘의 감사일기

85일

To Do List

- [x]
- [ ]
- [ ]
- [ ]
- [ ]
- [ ]
- [ ]
- [ ]
- [ ]
- [ ]

오늘의 질문

Q : 키를 바꿀 수 있다면 몇 cm였으면 좋겠어?

A :

오늘의 미션

오늘은 배부르기 전에 숟가락 놓아보기

긍정 확언 필사

신은 우리에게 성공할 것을 요구하지 않는다.
다만 우리가 노력할 것을 요구할 뿐이다.

-마더 테레사

오늘의 감사일기

88일

To Do List

☑

☐   ☐

☐   ☐

☐   ☐

☐   ☐

☐   ☐

오늘의 질문

Q : 배우고 싶은 분야가 있어?

A :

오늘의 미션

사탕 10개 사서 짜증이 날 때마다 먹어보기(초콜릿도 좋아!)

긍정 확언 필사

모든 말과 행동을 칭찬하는 사람보다

친절하게 단점을 말해주는

친구를 가까이 둬라.

-소크라테스

오늘의 감사일기

To Do List

☑

☐　　　　☐

☐　　　　☐

☐　　　　☐

☐　　　　☐

☐　　　　☐

오늘의 질문

Q : 사랑을 위해서 나 이렇게까지 해봤다?

A :

오늘의 미션

버릴까 말까 고민했던 것 버리기

긍정 확언 필사

시냇물을 보고 바다가 존재한다고 믿는 것,
이것이 비전이다.

-디어도어 루빈

오늘의 감사일기

_____

_____

_____

_____

_____

_____

_____

_____

To Do List

☑

☐   ☐

☐   ☐

☐   ☐

☐   ☐

☐   ☐

오늘의 질문

Q : 너에게 가장 동기부여를 해주는 사람은 누구야?

A :

오늘의 미션

오늘 하루 동안 누가 됐든 한 번은 용서해 주기

긍정 확언 필사

시간을 지배할 줄 아는 사람은
인생을 지배할 줄 아는 사람이다.

-에센바흐

오늘의 감사일기

_____

_____

_____

_____

_____

_____

_____

_____

To Do List

✓

오늘의 질문

Q : 가장 많이 하는 말이 뭐야?

A :

오늘의 미션

오늘 하루는 탄수화물 줄이기

긍정 확언 필사

자만은 최상의
천재를 망친다.

-루이자 메이 올컷

오늘의 감사일기

_____
_____
_____
_____
_____
_____
_____
_____

90일

To Do List

☑

□ □

□ □

□ □

□ □

□ □

오늘의 질문

Q : 친구들 사이에서 너의 평판은 어때?

A :

오늘의 미션

영어 단어 5개 외워보기

긍정 확언 필사

잘못을 저지르고도 고치지 않으면

그것이 곧 잘못이다.

-공자

오늘의 감사일기

_____

_____

_____

_____

_____

_____

_____

_____

___월

식사를 마치고 식당에서 나올 때면 내 손에는 항상 이쑤시개가 들려 있었다.

작년부터 치아교정을 시작했는데

밥을 먹고 나면 음식물이 치아에 사방팔방 끼어 여간 신경 쓰이는 게 아니었다.

그런데 어느 날부턴가 이쑤시개를 사용하고 나면 잇몸에서 피가 나거나 퉁퉁 부어버린다.

잇몸이 약해질 대로 약해진 것 같은데,

한 번씩 다녀오는 병원에서조차

"잇몸이 많이 부어있어 관리 잘하셔야 해요"라는 말을 요즘 자주 듣는다.

결국 이번 달에는 치아와 잇몸 관리를 목표로 두기로 다짐했다.

오래전 치과에서 근무했던 친한 동생의

'절대 이쑤시개는 사용하지 말라'는 신신당부가 기억나서

우선 집에 있는 이쑤시개를 전부 치웠다.

곧장 인터넷에서 치실과 치간 칫솔을 구매해 가방에 꼭 챙겨 다니며

이쑤시개를 사용하지 않도록 노력했다.

사실, 스스로도 좋지 않은 습관임을 알고 있으면서도 고치려고 하지 않았던 건

계속 편한 길로 가고 싶었던 고집 같은 습관 때문이었다.

머리로는 알지만 몸은 움직이려 하지 않은 것이다.

어렸을 땐 잘 이해하지 못했던 말인데

"소 잃고 외양간 고친다."라는 말이 이제는 참 무섭다.

나빠지고 나서 급하게 하는 관리가 아니라

건강하고 행복할 때 미리미리 관리하고 지켜주는 것이

가장 현명하고 똑똑한 자기관리다.

'언젠간 하겠지'가 아니라 '지금부터 당장'이다.

이번 달 버킷 리스트

이번 달에 이루고 싶은 버킷 리스트 한 가지를 적고, 이루기 위해 필요한 방법들을 가지치기로 정리해 보세요.

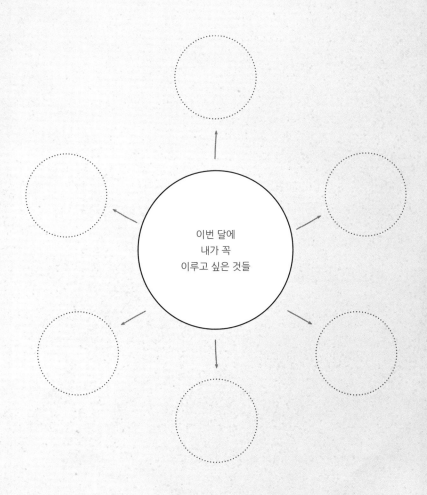

이번 달에
내가 꼭
이루고 싶은 것들

To Do List

✔

오늘의 질문

Q : 가장 좋아하는 가족은?

A :

오늘의 미션

하루 동안 우리 집 설거지 도맡아 하기

긍정 확언 필사

책을 읽을 때야말로
당신의 가장 좋은 친구와
함께 있는 것이다.

-시드니 스미스

오늘의 감사일기

_____

_____

_____

_____

_____

_____

_____

_____

To Do List

☑

☐   ☐

☐   ☐

☐   ☐

☐   ☐

☐   ☐

오늘의 질문

Q : 운전 잘해?

A :

오늘의 미션

거울 앞에서 몸매 체크해 보기(사진도 찍어 놓기!)

긍정 확언 필사

무엇이든 이루어지기 전에는
항상 불가능해 보인다.

-넬슨 만델라

오늘의 감사일기

93일

To Do List

☑

☐   ☐

☐   ☐

☐   ☐

☐   ☐

오늘의 질문

Q : 비 오는 날 좋아해?

A :

오늘의 미션

미뤘던 병원 다녀오기

긍정 확언 필사

세상에서 가장 현명한 사람은 항상 배우는
사람이요, 세상에서 가장 강한 사람은 자기를
이기는 사람이며, 세상에서 가장
행복한 사람은 감사하며 사는 사람이다.

-탈무드

오늘의 감사일기

94일

To Do List

- ✓
- ☐   ☐
- ☐   ☐
- ☐   ☐
- ☐   ☐
- ☐   ☐

오늘의 질문

Q : 너의 노래방 18번 곡은?

A :

오늘의 미션

하루 종일 '예스'만 하기(무슨 일이든, 무슨 요청이든!)

긍정 확언 필사

자신의 능력을 믿어야 한다.
그리고 끝까지 굳세게 밀고 나가라.

-로잘린 카터

오늘의 감사일기

_____

_____

_____

_____

_____

_____

_____

_____

95일

To Do List

☑

오늘의 질문

Q : 신나게 춤춰본 적 있어?

A :

오늘의 미션

평소보다 빨리 걷기

긍정 확언 필사

아름다운 눈을 갖고 싶으면 다른 사람의
좋은 점을 보고 아름다운 입술을 갖고 싶으면
친절한 말을 하라. 아름다운 자세를 갖고 싶다면
결코 너 자신이 혼자
걷고 있지 않음을 명심하며 걸어라.

-오드리 햅번

오늘의 감사일기

_____

_____

_____

_____

_____

_____

_____

_____

96일

To Do List

✔

오늘의 질문

Q : 살면서 가장 아파본 적이 언제야?

A :

오늘의 미션

SNS로 친구들 사진에 칭찬 댓글 달아주기

긍정 확언 필사

미숙한 사랑은 당신이 필요해서
당신을 사랑한다고 하지만
성숙한 사랑은 사랑하니까
당신이 필요하다고 한다.

-윈스턴 처칠

오늘의 감사일기

_____

_____

_____

_____

_____

_____

_____

_____

97일

To Do List

✔

□   □

□   □

□   □

□   □

□   □

오늘의 질문

Q : 코로나 바이러스 어떻게 생각해?

A :

오늘의 미션

SNS 속 유기견, 유기묘 관련 게시물에 10개 이상 '좋아요' 누르기

긍정 확언 필사

계속 웃어라.
인생은 아름답고,
웃어야 할 일로 가득 차 있다.

-마릴린 먼로

오늘의 감사일기

_____

_____

_____

_____

_____

_____

_____

_____

_____

98일

To Do List

☑

☐   ☐

☐   ☐

☐   ☐

☐   ☐

☐

오늘의 질문

Q : 요즘 날씨 어때?

A :

오늘의 미션

좋아하는 예능 프로그램 다시 보기

긍정 확언 필사

새로운 것을 배우고 시도해 보라.
그리고 멋진 실수를 해보라.
실수는 자산이다.

-다니엘 핑크

오늘의 감사일기

_____
_____
_____
_____
_____
_____
_____
_____
_____

99일

To Do List

✔

☐   ☐

☐   ☐

☐   ☐

☐   ☐

☐   ☐

오늘의 질문

Q : 추천하고 싶은 맛집은?

A :

오늘의 미션

하루 종일 복부에 힘주고 있기

긍정 확언 필사

당신이 되고 싶은 무언가가 있다면 그에 대해
자부심을 가져라. 당신 자신에게 기회를
주어라. 스스로가 형편없다고 생각하지 말라.
그래봐야 아무것도 얻을 것이 없다.

-마이크 맥라렌

오늘의 감사일기

100일

To Do List

✔

오늘의 질문

Q : 100살까지 살고 있다면 그때 넌 어떤 모습일까?

A :

오늘의 미션

치실로 셀프 치아 관리하기

긍정 확언 필사

성공은 최종적인 게 아니며
실패는 치명적인 게 아니다.
중요한 것은 지속하고자 하는 용기다.

-윈스턴 처칠

오늘의 감사일기

_____

_____

_____

_____

_____

_____

_____

_____

101일

To Do List

☑ □

□ □

□ □

□ □

□ □

오늘의 질문

Q : 자식을 낳는다면 아들이 좋아, 딸이 좋아?

A :

오늘의 미션

집이나 회사, 학교, 지하철역에서 계단 이용하기

긍정 확언 필사

한차례의 패배를
최후의 패배로 혼동하지 말라.

-F. 스콧 피츠제럴드

오늘의 감사일기

102일

To Do List

☑   ☐

☐   ☐

☐   ☐

☐   ☐

☐   ☐

오늘의 질문

Q : 등산 좋아해?

A :

오늘의 미션

만 원으로 하루 살아보기

긍정 확언 필사

비참해지는 비결은
자신이 행복한지 아닌지에 대해
고민할 여유를 갖는 것이다.

-조지 버나드 쇼

오늘의 감사일기

_____
_____
_____
_____
_____
_____
_____
_____
_____

103일

To Do List

- [x]
- [ ]
- [ ]
- [ ]
- [ ]

- [ ]
- [ ]
- [ ]
- [ ]
- [ ]

오늘의 질문

Q : 자주 찾는 단골가게 있어?

A :

오늘의 미션

통장 잔고 확인해 보고 일주일 동안 지출했던 내용 정리해 보기

긍정 확언 필사

3등은 괜찮다.
단, 삼류는 안 된다.

-김태원

오늘의 감사일기

_____

_____

_____

_____

_____

_____

_____

_____

104일

To Do List

☑ ☐

☐ ☐

☐ ☐

☐ ☐

☐ ☐

오늘의 질문

Q : 전생은 뭐였을까 생각해 본 적 있어?

A :

오늘의 미션

식사할 때 20분 이상 천천히 먹기

긍정 확언 필사

당신이 지금 달린다면
패배할 가능성이 있다.
하지만 달리지 않는다면
당신은 이미 진 것이다.

-버락 오바마

오늘의 감사일기

_____

_____

_____

_____

_____

_____

_____

_____

105일

To Do List

☑

오늘의 질문

Q : 학창 시절 가장 기억에 남는 선생님은?

A :

오늘의 미션

먹어보지 못했던 음식 먹어보기

긍정 확언 필사

재능이 없다고 말하는 사람들은
시도해 본 일이 별로 없는 사람들이다.

-앤드루 매튜스

오늘의 감사일기

_____

_____

_____

_____

_____

_____

_____

_____

106일

To Do List

☑

오늘의 질문

Q : 가장 좋아하는 의류 브랜드는?

A :

오늘의 미션

공복에 유산소 운동하기

긍정 확언 필사

만나면 반드시 헤어져야 하는 것이
인생이 정한 운명이다.

-석가모니

오늘의 감사일기

107일

To Do List

☑ □

□ □

□ □

□ □

□ □

오늘의 질문

Q : 검색창에 가장 많이 검색하는 단어는 뭐야?

A :

오늘의 미션

일어나서 5시간 이상 공복 유지하기

긍정 확언 필사

포기하는 순간
핑곗거리를 찾게 되고
희망을 갖는 순간 방법을 찾게 된다.

-'낭만 닥터 김사부' 중에서

오늘의 감사일기

_____

_____

_____

_____

_____

_____

_____

_____

108일

To Do List

☑

☐   ☐

☐   ☐

☐   ☐

☐   ☐

☐   ☐

오늘의 질문

Q : 학교 다닐 때 별명 뭐였어?

A :

오늘의 미션

사고 싶은 물건 가격대별로 리스트 짜보기

긍정 확언 필사

행복한 부자가 되려면
덕을 베풀어라.

-벤자민 프랭클린

오늘의 감사일기

_____

_____

_____

_____

_____

_____

_____

_____

109일

To Do List

☑

☐   ☐

☐   ☐

☐   ☐

☐   ☐

오늘의 질문

Q : 가장 좋아하는 탄산음료는?

A :

오늘의 미션

오늘 만나는 모든 사람에게 먼저 인사하기

긍정 확언 필사

불가능해 보이는 것이
불확실한 가능성보다 더 낫다

-아리스토텔레스

오늘의 감사일기

_____

_____

_____

_____

_____

_____

_____

_____

110일

To Do List

 ☐

☐ ☐

☐ ☐

☐ ☐

☐ ☐

오늘의 질문

Q : 카페 가서 늘 주문하는 메뉴가 있다면?

A :

오늘의 미션

주변 사람들에게 엽서 써보기

긍정 확언 필사

당신의 노력을 존중하며,
당신 자신을 존중하라.

-클린트 이스트우드

오늘의 감사일기

_____

_____

_____

_____

_____

_____

_____

_____

111일

To Do List

- [x]
- [ ]
- [ ]
- [ ]
- [ ]

- [ ]
- [ ]
- [ ]
- [ ]
- [ ]

오늘의 질문

Q : 다음 주 주말에는 뭐해?

A :

오늘의 미션

1년 전에 입던 옷 입어보기

긍정 확언 필사

용기는 항상 크게 울부짖는 것이 아니다.
하루의 마지막에 "내일 다시 해보자"라고 말하는
작은 목소리가 용기일 때도 있다.

-메리 앤 라드마커

오늘의 감사일기

_____

_____

_____

_____

_____

_____

_____

_____

_112일_

To Do List

✓ ☐
☐ ☐
☐ ☐
☐ ☐
☐ ☐

오늘의 질문

Q : 종교 있어?

A :

오늘의 미션

제일 좋아하는 옷 입고 외출하기

긍정 확언 필사

아무리 슬퍼도 계속해서 믿는다면
바라는 꿈이 이루어질 거야.

- 신데렐라

오늘의 감사일기

_____

_____

_____

_____

_____

_____

_____

_____

113일

To Do List

- ✔
- ☐
- ☐
- ☐
- ☐

- ☐
- ☐
- ☐
- ☐
- ☐

오늘의 질문

Q : 현재 너의 헤어스타일은 어때?

A :

오늘의 미션

독후감 전용 공책 만들기

긍정 확언 필사

설명하지 마라.
친구라면 설명할 필요가 없고,
적이라면 어차피
당신을 믿으려 하지 않을 테니까.

-엘버트 허버드

오늘의 감사일기

114일

To Do List

☑

☐   ☐

☐   ☐

☐   ☐

☐   ☐

오늘의 질문

Q : 가장 크게 수술해 본 적 있어?

A :

오늘의 미션

지갑 정리하기

긍정 확언 필사

실패하는 사람들의 90%는
패배하는 것이 아니라
포기하는 것이다.

-폴 마이어

오늘의 감사일기

To Do List

✔

오늘의 질문

Q : 남녀 사이의 우정은 존재할까?

A :

오늘의 미션

하루 종일 연필만 사용하기

긍정 확언 필사

내일을 위한 최선의 준비는
오늘 최선을 다하는 것이다.

-H. 잭슨 브라운 주니어

오늘의 감사일기

_____

_____

_____

_____

_____

_____

_____

_____

116일

To Do List

✔ ☐ □ □
□ □ □ □
□ □ □ □
□ □ □ □
□ □

오늘의 질문

Q : 가장 최악의 이별은 뭐였어?

A :

오늘의 미션

집안의 모든 휴지통 비우기

긍정 확언 필사

나는 아무런 선입견을 갖지 않고
색을 캔버스에 놓는다.

-앙리 마티스

오늘의 감사일기

_____

_____

_____

_____

_____

_____

_____

_____

117일

To Do List

☑

오늘의 질문

Q : 생일 선물로 절대 받기 싫은 선물은?

A :

오늘의 미션

주변 사람들에게 난센스 퀴즈 내보기

긍정 확언 필사

포기하지 말라,
포기도 습관이다.

-오프라 윈프리

오늘의 감사일기

118일

To Do List

☑ ⬚

⬚ ⬚

⬚ ⬚

⬚ ⬚

⬚ ⬚

오늘의 질문

Q : 살면서 들었던 말 중에 가장 상처가 되었던 말은?

A :

오늘의 미션

마트에 가서 직접 장보기

긍정 확언 필사

지켜야 할 것이 있는 사람은 한 걸음도
더 걷지 못하리만큼 지쳐 모든 것을 놓아버리고
싶을지라도 간절한 그 이유 하나 때문에
다시 일어설 힘을 얻는다.

-해월

오늘의 감사일기

119일

To Do List

☑

☐ ☐

☐ ☐

☐ ☐

☐ ☐

☐ ☐

오늘의 질문

Q : 주변 사람들에게 어떻게 기억되고 싶어?

A :

오늘의 미션

냉장고 청소하기

긍정 확언 필사

세상에는 단 두 가지의 법칙만이 존재한다.
첫째, 절대로 포기하지 말 것.
둘째, 첫 번째 법칙을 절대로 잊지 말 것.

-듀크 엘링턴

오늘의 감사일기

_____

_____

_____

_____

_____

_____

_____

_____

_____

To Do List

☑

☐   ☐

☐   ☐

☐   ☐

☐   ☐

☐   ☐

오늘의 질문

Q : 가장 좋아하는 군것질거리는?

A :

오늘의 미션

MBTI 테스트해보기

긍정 확언 필사

우리가 해야 할 일은 끊임없이
호기심을 갖고 새로운 생각을 시험해 보고
새로운 인상을 받는 것이다.

-월터 페이터

오늘의 감사일기

_____

_____

_____

_____

_____

_____

_____

_____

_____월

어렸을 때부터 봉사를 많이 다니시던 아버지를 보면서
나도 크면 내 손길이 필요한 곳에 도움이 되는 사람이 되자고 다짐했었다.
어디서부터 어떻게 봉사를 시작해야 할지 처음에는 난감했지만,
찾아보니 생각보다 우리 주변에는 할 수 있는 봉사가 많았다.
쓰레기를 주우며 조깅을 하는 플로깅도 있고,
겨울마다 어르신 집에 연탄을 배달하는 연탄봉사도 있다.
마을을 꾸미는 페인트칠 벽화 봉사,
도시락을 준비해서 나눠주는 배식봉사까지
다녀오면 몸은 힘들지만 스스로에게 뿌듯해지고
되레 행복이 충전되는 봉사들이다.
한 번은 이런 일이 있었다.
매달 플로깅을 시작하며 sns에 기록을 했는데 내 게시물을 본 지인이
아침마다 1시간씩 먼저 나와 동호대교 위의 쓰레기를 주우며 출근을 했다고 한다.
그러다 어느 날, 길을 지나가던 사람이 뭐 하는 거냐며 묻더니
자신도 동참하겠다며 타고 다니던 자전거를 집에 두고 함께 했다는 얘기를 들었다.
그렇게 한동안 둘이 함께 다리 위의 쓰레기를 주우며 출근을 했다고 한다.
그 이야기를 듣고 소름이 돋았다.
내 작은 봉사가 나비효과인 셈이었다.
내가 힘든 상황에 누군가 나에게 베풀어준 온정이
다시금 일어날 수 있는 힘이 되었듯이
주위 사람의 선한 영향이 나에게 닿아 그 영향이 배가 되어 주위에 다시 퍼진 것이다.
작지만 선한 영향을 지구에 주고 싶어 봉사를 시작하게 된 게 아닐까.

이번 달 버킷 리스트

이번 달에 이루고 싶은 버킷 리스트 한 가지를 적고, 이루기 위해 필요한 방법들을 가지치기로 정리해 보세요.

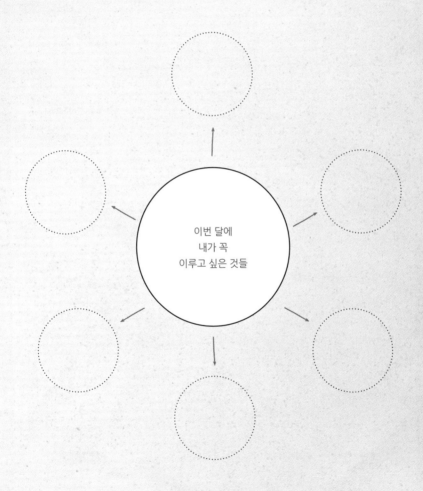

To Do List

☑

Q : '이 물건은 절대 버리지 못한다' 하는 것은?

A :

오늘의 미션

침실 벽에 좋아하는 사진 붙여보기

긍정 확언 필사

배움은 우연히 얻어지는 것이 아니라
열성을 다해 갈구하고 부지런히 집중해야
얻을 수 있는 것이다.

-애비게일 애덤스

오늘의 감사일기

To Do List

- ✔
- ☐
- ☐
- ☐
- ☐

- ☐
- ☐
- ☐
- ☐

오늘의 질문

Q : 요즘 유행하는 것 3가지를 적어보자.

A :

오늘의 미션

A4 용지에 나에 대해 아무 글이나 한 편 써보기

긍정 확언 필사

겁내지 마라, 아무것도 시작하지 않았다.

기죽지 마라, 끝나는 것은 아무것도 없다.

걱정하지 마라, 아무에게도 뒤처지지 않았다.

조급해하지 마라, 이제부터가 시작이다.

울지 마라, 너는 아직 이르다.

-에드워드 불워 리턴

오늘의 감사일기

_____

_____

_____

_____

_____

_____

_____

_____

123일

To Do List

- ✔
- ☐
- ☐
- ☐
- ☐

- ☐
- ☐
- ☐
- ☐
- ☐

오늘의 질문

Q : 셀카 찍는 거 좋아해?

A :

오늘의 미션

나만의 타임캡슐 만들어보기

긍정 확언 필사

위대한 성취를 하려면
행동하는 것뿐만 아니라,
꿈꾸는 것도 반드시 필요하다.

-아나톨 프랑스

오늘의 감사일기

_____

_____

_____

_____

_____

_____

_____

_____

124일

To Do List

- ☑
- ☐
- ☐
- ☐
- ☐

- ☐
- ☐
- ☐
- ☐
- ☐

오늘의 질문

Q : 사랑과 우정 한 가지를 선택한다면?

A :

오늘의 미션

오래된 신발 정리하기

긍정 확언 필사

지금 잠을 자면 꿈을 꾸지만

노력하면 꿈을 이룬다.

-워렌 버핏

오늘의 감사일기

_____

_____

_____

_____

_____

_____

_____

_____

125일

To Do List

☑   ☐

☐   ☐

☐   ☐

☐   ☐

☐   ☐

오늘의 질문

Q : 가장 친한 이성친구의 이름은?

A :

오늘의 미션

다니던 초등학교 인터넷으로 검색해 보기

긍정 확언 필사

어떠한 일도 갑자기 이루어지지 않는다.
한 알의 과일, 한 송이의 꽃도
그렇게 되지 않는다. 나무의 열매조차 금방
맺히지 않는데 하물며 인생의 열매를 노력도
하지 않고 조급하게 기다리는 것은 잘못이다.

-에픽테토스

오늘의 감사일기

126일

To Do List

- [x]
- [ ]
- [ ]
- [ ]
- [ ]

- [ ]
- [ ]
- [ ]
- [ ]
- [ ]

오늘의 질문

Q : 몸매 관리를 위해 내가 노력하는 것은?

A :

오늘의 미션

어렸을 때 가장 좋아했던 과자 먹어보기

긍정 확언 필사

하루에 3시간씩 걸으면
7년 후에 지구 한 바퀴를
돌 수 있다.

-사무엘 존슨

오늘의 감사일기

127일

To Do List

- [x]
- [ ]   [ ]
- [ ]   [ ]
- [ ]   [ ]
- [ ]   [ ]
- [ ]

오늘의 질문

Q : 내가 가장 멀리하고 싶은 사람의 유형은?

A :

오늘의 미션

모르는 길만 찾아 걸어보기

긍정 확언 필사

떨어지는 물방울이 돌에 구멍을 낸다.
물방울이 바위를 뚫는 것은
그 힘이 아니라 꾸준함이다.

-마르코니

오늘의 감사일기

_____

_____

_____

_____

_____

_____

_____

_____

128일

To Do List

☑

☐ ☐

☐ ☐

☐ ☐

☐ ☐

☐ ☐

오늘의 질문

Q : 물을 많이 마시는 편이야?

A :

오늘의 미션

최신 유행하는 춤 따라 춰보기

긍정 확언 필사

뜨거운 열정보다 중요한 것은

지속적인 열정이다.

-마크 저커버그

오늘의 감사일기

_____

_____

_____

_____

_____

_____

_____

_____

129일

To Do List

☑

☐　　　　　　　　　☐

☐　　　　　　　　　☐

☐　　　　　　　　　☐

☐　　　　　　　　　☐

☐　　　　　　　　　☐

오늘의 질문

Q : 평균 취침시간이 언제야?

A :

오늘의 미션

동화책 읽어보기

긍정 확언 필사

빠른 명마는 하루에 천리를 달릴 수 있다.
그러나 노둔한 노마도 쉬지 않고
열흘을 걸으면 역시 천리를 갈 수 있다.

-순자

오늘의 감사일기

To Do List

- ☑
- ☐
- ☐
- ☐
- ☐
- ☐
- ☐
- ☐
- ☐
- ☐

오늘의 질문

Q : 미니멀이야, 맥시멀이야?

A :

오늘의 미션

오늘 하루 동안 '짜증나'라는 말 하지 않기

긍정 확언 필사

힘든가?
오늘 걷지 않으면
내일은 뛰어야 한다.

-카를로스 푸욜

오늘의 감사일기

_____

_____

_____

_____

_____

_____

_____

_____

To Do List

☑

☐   ☐

☐   ☐

☐   ☐

☐   ☐

☐   ☐

오늘의 질문

Q : 가장 좋아하는 tv 프로그램은?

A :

오늘의 미션

영어 단어 15개 외워보기

긍정 확언 필사

패배한 변명을 나에게서 찾으면

패배한 이유지만

남에게서 찾으면 변명일 뿐이다.

-로이 킨

오늘의 감사일기

_____

_____

_____

_____

_____

_____

_____

_____

132일

To Do List

✓

☐ ☐

☐ ☐

☐ ☐

☐ ☐

☐ ☐

오늘의 질문

Q : 내일은 뭐 할 거야?

A :

오늘의 미션

욕실 대청소하기

긍정 확언 필사

무언가를 변화시키기 위해서는
나 자신부터 바뀌어야 한다.

-펩 과르디올라

오늘의 감사일기

133일

To Do List

✔

오늘의 질문

Q : 직업을 바꿀 수만 있다면 어떤 직업으로 바꾸고 싶어?

A :

오늘의 미션

일어나서 8시간 이상 공복 유지하기

긍정 확언 필사

책은 한 권, 한 권이
하나의 세계이다.

-윌리엄 워즈워스

오늘의 감사일기

_____

_____

_____

_____

_____

_____

_____

_____

134일

To Do List

- ✔
- ☐
- ☐
- ☐
- ☐

- ☐
- ☐
- ☐
- ☐
- ☐

오늘의 질문

Q : 절대 못 먹는 음식은?

A :

오늘의 미션

지하철이나 버스에서 자리 양보해 보기

긍정 확언 필사

위대한 사랑과 위대한 업적을
얻기 위해서는 그만큼
위대한 위험을 감수해야 합니다.

-달라이 라마

오늘의 감사일기

_____

_____

_____

_____

_____

_____

_____

135일

To Do List

☑   ☐

☐   ☐

☐   ☐

☐   ☐

☐   ☐

오늘의 질문

Q : 가장 좋아하는 색상은?

A :

오늘의 미션

좋아하는 영화의 포스터 모아보기

긍정 확언 필사

멈추지 않는 이상
얼마나 천천히 가는지는
문제가 되지 않는다.

-공자

오늘의 감사일기

_____

_____

_____

_____

_____

_____

_____

_____

136일

To Do List

☑

☐   ☐

☐   ☐

☐   ☐

☐   ☐

☐   ☐

오늘의 질문

Q : 꿈꾸는 집의 형태는?

A :

오늘의 미션

가족 앨범이나 졸업 앨범 열어 보기

긍정 확언 필사

시간이 덜어주거나
부드럽게 해주지 않는
슬픔이란 하나도 없다.

-키케로

오늘의 감사일기

_____
_____
_____
_____
_____
_____
_____
_____

137일

To Do List

✓

☐   ☐

☐   ☐

☐   ☐

☐   ☐

☐   ☐

오늘의 질문

Q : 배달 음식 중 가장 자주 시켜 먹는 음식은?

A :

오늘의 미션

싱크대와 찬장 정리하기

긍정 확언 필사

동요만 하고 있으면
아무런 일도
성취하지 못한다.

-그라시안

오늘의 감사일기

138일

To Do List

- ✔
- ☐
- ☐
- ☐
- ☐

- ☐
- ☐
- ☐
- ☐
- ☐

오늘의 질문

Q : 주량이 어떻게 돼?

A :

오늘의 미션

1년 후의 나에게 편지 써보기

긍정 확언 필사

포기해야겠다는
생각이 들 때야말로
성공에 가까워진 때이다.

-밥 파슨스

오늘의 감사일기

_____

_____

_____

_____

_____

_____

_____

_____

139일

To Do List

☑

□   □

□   □

□   □

□   □

□   □

오늘의 질문

Q : 글씨 잘 써?

A :

오늘의 미션

다니던 중학교 인터넷으로 검색해 보기

긍정 확언 필사

꿈은 머리로 생각하는 게 아니라

가슴으로 느끼고 손으로 적고

발로 실천하는 것이다.

-존 고든

오늘의 감사일기

140일

To Do List

 ☑

☐ ☐

☐ ☐

☐ ☐

☐ ☐

☐

오늘의 질문

Q : 혼자서 살고 싶어?

A :

오늘의 미션

자기 전에 종아리 마사지해 주기

긍정 확언 필사

이 세상에
열정 없이 이루어진
위대한 것은 아무것도 없다.

-게오르크 빌헬름

오늘의 감사일기

_____

_____

_____

_____

_____

_____

_____

_____

141일

To Do List

☑   ☐

☐   ☐

☐   ☐

☐   ☐

☐   ☐

오늘의 질문

Q : '평생 이 음식은 절대 끊을 수 없다' 하는 것은?

A :

오늘의 미션

기부 노트 만들어보기

긍정 확언 필사

양손을 주머니에 넣고서는
성공의 사다리를 오를 수 없다.

-엘마 윌러

오늘의 감사일기

_____

_____

_____

_____

_____

_____

_____

_____

142일

To Do List

☑

☐   ☐

☐   ☐

☐   ☐

☐   ☐

☐

오늘의 질문

Q : 연인의 스마트폰을 들여다본 적 있어?

A :

오늘의 미션

아침, 점심, 저녁마다 국민 체조하기

긍정 확언 필사

성공은 행동과 연결돼 있다.
성공하는 사람은 끊임없이 움직인다.
실수를 저지르기도 하지만
결코 포기하지 않는다.

-콘래드 힐튼

오늘의 감사일기

_____

_____

_____

_____

_____

_____

_____

_____

143일

To Do List

✔

오늘의 질문

Q : 스스로에게 환멸을 느낀 적 있어?

A :

오늘의 미션

난방 온도 2도 내리기(또는 에어컨 온도 2도 올리기)

긍정 확언 필사

습관은 동아줄과도 같다. 한 올 한 올
날마다 엮다 보면 결국 끊지 못하게 된다.
따라서 우리는 훌륭하고 긍정적이며
생산적인 습관을 형성해야 한다.

-호레이스 만

오늘의 감사일기

_____

_____

_____

_____

_____

_____

_____

_____

144일

To Do List

- ✔
- ☐
- ☐
- ☐
- ☐

- ☐
- ☐
- ☐
- ☐
- ☐

오늘의 질문

Q : 가장 재밌게 했던 운동은?

A :

오늘의 미션

예쁜 속옷 구입하기

긍정 확언 필사

멋지게 살고, 자주 웃고,
사랑을 많이 한 사람이
진정 성공한 사람이다.

-베시 스탠리

오늘의 감사일기

_____

_____

_____

_____

_____

_____

_____

_____

145일

To Do List

- ✔
- ☐
- ☐
- ☐
- ☐

- ☐
- ☐
- ☐
- ☐
- ☐

오늘의 질문

Q : 해야만 하는데 미루고 있는 일이 있다면?

A :

오늘의 미션

하루 종일 왼손잡이로 지내보기(원래 왼손잡이라면 오른손잡이로 지내보기!)

긍정 확언 필사

천재성을 가진 자는 경탄의 대상이 되고,

부를 가진 자는 시기의 대상이 되며

권력을 가진 자는 두려움의 대상이 되지만

품성을 갖춘 자는 신뢰의 대상이 된다.

-지그 지글러

오늘의 감사일기

_____

_____

_____

_____

_____

_____

_____

_____

_____

146일

To Do List

☑

☐   ☐

☐   ☐

☐   ☐

☐   ☐

☐   ☐

오늘의 질문

Q : 여행에서 돌아오면 짐 가방을 바로 정리하는 편이야?

A :

오늘의 미션

나의 웃는 얼굴을 셀카로 찍어보고 그림으로 그려보기

긍정 확언 필사

자기 자신을 응원하는 가장 좋은 방법은
다른 모든 사람들에게
활력을 불어넣는 것이다.

-마크 트웨인

오늘의 감사일기

147일

To Do List

- [x]
- [ ]
- [ ]
- [ ]
- [ ]

- [ ]
- [ ]
- [ ]
- [ ]
- [ ]

오늘의 질문

Q : 챙겨 먹는 영양제가 있다면?

A :

오늘의 미션

내가 들었을 때 기쁜 말, 슬픈 말 리스트를 적어보기

긍정 확언 필사

불가능한 일을
해내는 것은
신나는 일이다.

-월트 디즈니

오늘의 감사일기

_____

_____

_____

_____

_____

_____

_____

_____

148일

To Do List

- [x]
- [ ]
- [ ]
- [ ]
- [ ]

- [ ]
- [ ]
- [ ]
- [ ]
- [ ]

오늘의 질문

Q : 마지막으로 크게 아팠던 게 언제야?

A :

오늘의 미션

요즘 내가 많이 하는 말 적어보기(솔직하게!)

긍정 확언 필사

삶의 위대한 끝은
지식이 아니라
행동이다.

-토머스 헨리 헉슬리

오늘의 감사일기

_____

_____

_____

_____

_____

_____

_____

_____

149일

To Do List

☑ ☐

☐ ☐

☐ ☐

☐ ☐

☐ ☐

오늘의 질문

Q : 고민을 전부 털어놓을 수 있는 사람은 누구야?

A :

오늘의 미션

자기 전에 창가에서 별 3개 이상 찾아보기

긍정 확언 필사

내일이
곧
지금이다.

-엘리너 루스벨트

오늘의 감사일기

_____

_____

_____

_____

_____

_____

_____

_____

150일

To Do List

☑

☐   ☐

☐   ☐

☐   ☐

☐   ☐

오늘의 질문

Q : 배우고 싶은 운동이 있다면?

A :

오늘의 미션

자기 전에 30분간 명상하기

긍정 확언 필사

돈이 필요치 않은 것처럼 일하라.

한 번도 상처받은 적이 없는 것처럼 사랑하라.

그리고 아무도 보고 있지 않은 것처럼 춤춰라.

-마크 트웨인

오늘의 감사일기

_____

_____

_____

_____

_____

_____

_____

_____

151일

To Do List

✓

□   □

□   □

□   □

□   □

□

오늘의 질문

Q : 너의 멘토는 누구야?

A :

오늘의 미션

종이 신문 구입해 읽기

긍정 확언 필사

목표를 높게 잡아라.
그리고 거기 도달할 때까지
멈추지 말라.

-보 잭슨

오늘의 감사일기

_____월

친구들과의 술자리는 언제나 즐겁다.

애주가인 내가 술을 절제하는 것은 정말이지 힘든 일이다.

밀가루는 끊었어도 술은 끊지 못했을 정도니까.

평일에는 관리한답시고 거의 지인들을 만나지 않으니 주말에 몰아 만난다.

그러고는 '에이, 뭐 주말이니까!'하면서 세상 끝난 것처럼 마시고 논다.

정신없이 달리다 보면 생각한 것보다 과음하게 되고

그러면 다음 날 그 과음의 여파로 아무것도 못하고 천장만 바라보는 신세가 된다.

그렇게 하루를 버리는 시간이 너무 아깝고 내 스스로가 미련해 보여서

이번 달의 목표는 '술을 줄이자'로 정했다.

마음속에 내 계획을 못질하듯 단단하게 박아두니

술자리 가서도 절제가 되었다.

지키자고 굳게 다짐하니 꼭 지켜야 할 것만 같았다.

꼭 지키고 싶었고 나와의 약속을 저버리기가 싫었다.

지금까지 꾸준히 월간 계획을 하면서 느낀 것은

막연히 '열심히 하자', '잘해야지' 등의 구호 아래 나를 방치할 때와

계획을 세워놓고 스스로 의식하면서 노력했을 때의 결과가 완전히 다르다는 것이다.

첫 번째 다짐,

두 번째 계획,

그리고 세 번째 실행.

이 모든 것을 뒷받침하는 것은 변하고자 하는 나의 용기와 의지다.

그 결과로 나오는 게 바로 습관이다.

이번 달 버킷 리스트

이번 달에 이루고 싶은 버킷 리스트 한 가지를 적고, 이루기 위해 필요한 방법들을 가지치기로 정리해 보세요.

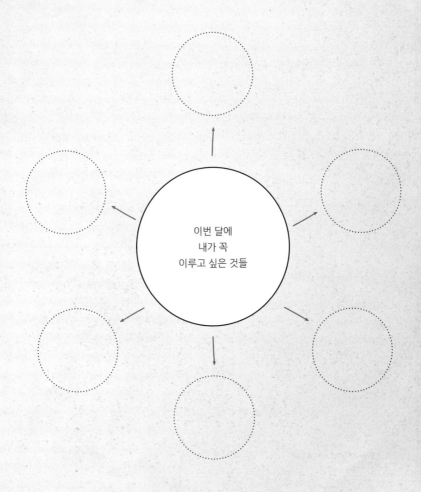

이번 달에
내가 꼭
이루고 싶은 것들

152일

To Do List

✔ ☐

☐ ☐

☐ ☐

☐ ☐

☐ ☐

오늘의 질문

Q : 초능력 한 개를 가질 수 있다면 뭘 갖고 싶어?

A :

오늘의 미션

플라스틱 사용하지 않기

긍정 확언 필사

신은 만인을 평등하게 창조하셨다. 그런데도
왜 어떤 사람들은 다른 사람들보다 더 큰 성취를
이루는가? 그것은 그들이 비전, 열정을 가졌고
그것을 실행으로 옮겼기 때문이다.

-토머스 J. 빌로드

오늘의 감사일기

_____

_____

_____

_____

_____

_____

_____

_____

153일

To Do List

☑   ☐

☐   ☐

☐   ☐

☐   ☐

☐   ☐

오늘의 질문

Q : 유튜버가 된다면 올리고 싶은 콘텐츠가 뭐야?

A :

오늘의 미션

미용실에 가서 헤어 정리하기

긍정 확언 필사

누구도 해낸 적 없는 성취란,
누구도 시도한 적 없는
방법을 통해서만 가능하다.

-프랜시스 베이컨

오늘의 감사일기

_____
_____
_____
_____
_____
_____
_____
_____

154일

To Do List

- ✔
- ☐
- ☐
- ☐
- ☐

- ☐
- ☐
- ☐
- ☐
- ☐

오늘의 질문

Q : 가장 좋아하는 캐릭터는?

A :

오늘의 미션

사용하지 않는 신용카드 자르기

긍정 확언 필사

성공한 사람은 더욱더 성공하는 경향이 있다.
항상 성공을 생각하기 때문이다.

-브라이언 트레이시

오늘의 감사일기

_____

_____

_____

_____

_____

_____

_____

_____

155일

To Do List

- [x]
- [ ]
- [ ]
- [ ]
- [ ]

- [ ]
- [ ]
- [ ]
- [ ]
- [ ]

오늘의 질문

Q : 남들과 다르다고 생각하는 너만의 특이한 점 있어?

A :

오늘의 미션

친구와 영상통화하기

긍정 확언 필사

결코 넘어지지 않는 것이 아니라
넘어질 때마다 일어서는 것에
삶의 가장 큰 영광이 존재한다.

-넬슨 만델라

오늘의 감사일기

_____

_____

_____

_____

_____

_____

_____

_____

156일

To Do List

- ✔
- ☐
- ☐
- ☐
- ☐

- ☐
- ☐
- ☐
- ☐
- ☐

오늘의 질문

Q : 네 이름은 무슨 뜻이야?

A :

오늘의 미션

클래식 음악 듣기

긍정 확언 필사

과거는 흘러갔으니 잊어버려라.
미래에 희망이 담겨 있으니
그것을 잡아라.

-찰스 R. 스윈돌

오늘의 감사일기

_____

_____

_____

_____

_____

_____

_____

To Do List

☑

☐   ☐

☐   ☐

☐   ☐

☐   ☐

☐   ☐

오늘의 질문

Q : 인생 드라마를 꼽자면?

A :

오늘의 미션

직장이나 학교에 걸어서 가보기(거리가 멀다면 자전거나 다른 대중교통 이용해 보기!)

긍정 확언 필사

실패하지 않을 것을 안다면
무엇을 시도하겠는가?

-앤서니 로빈스

오늘의 감사일기

_____

_____

_____

_____

_____

_____

_____

_____

158일

To Do List

- ☑
- ☐
- ☐
- ☐
- ☐

- ☐
- ☐
- ☐
- ☐
- ☐

오늘의 질문

Q : 너랑 친해지는 방법은?

A :

오늘의 미션

좋아하는 향을 찾아 나만의 향수를 구입해 보기

긍정 확언 필사

우리는 반드시 서둘러
낡은 습관을 깨뜨리고
서둘러 좋은 버릇을 채택해야 한다.

-J. 폴 게티

오늘의 감사일기

_____

_____

_____

_____

_____

_____

_____

_____

159일

To Do List

- [x]
- [ ]
- [ ]
- [ ]
- [ ]
- [ ]
- [ ]
- [ ]
- [ ]
- [ ]

오늘의 질문

Q : 즐겨보는 유튜버가 있다면?

A :

오늘의 미션

자기 전에 발 마사지해주기

긍정 확언 필사

자신이 하는 일을 즐기지 못하면
좀처럼 성공하기 힘들다.

-데일 카네기

오늘의 감사일기

To Do List

✔

□   □

□   □

□   □

□   □

□   □

오늘의 질문

Q : 잠이 오지 않을 때 하는 것은?

A :

오늘의 미션

집에 있는 술들 모두 쏟아 버리기

긍정 확언 필사

계획하지 않는 것은

실패를 계획하는 것과 마찬가지다.

-에피 닐 존스

오늘의 감사일기

_____

_____

_____

_____

_____

_____

_____

_____

161일

To Do List

✔

☐   ☐

☐   ☐

☐   ☐

☐   ☐

☐

오늘의 질문

Q : 낯가리는 편이야?

A :

오늘의 미션

인터넷으로 동물권에 관한 기사 찾아 읽어보기

긍정 확언 필사

나는 최소한 생의 마지막 순간에 삶을
되돌아보며 이렇게 후회하지는 않을 것이다.
"좀 더 많은 것들을
실행에 옮겼더라면 좋았을걸…"

-다이애나 폰 벨라네츠 벤트워스

오늘의 감사일기

162일

To Do List

- [x]
- [ ]
- [ ]
- [ ]
- [ ]

- [ ]
- [ ]
- [ ]
- [ ]
- [ ]

오늘의 질문

Q : 무례한 사람을 상대하는 방법은?

A :

오늘의 미션

오늘 하루는 단백질 위주로 먹기

긍정 확언 필사

많은 사람들이 성공을 꿈꾼다.
내게 있어 성공은 오직 반복적인 실패와
자기반성을 통해서만 가능하다.

-혼다 소이치로

오늘의 감사일기

_____

_____

_____

_____

_____

_____

_____

_____

_____

163일

To Do List

✔ ☐ ☐ ☐

☐ ☐ ☐ ☐

☐ ☐ ☐ ☐

☐ ☐ ☐ ☐

☐ ☐ ☐ ☐

오늘의 질문

Q : 스트레스를 해소하는 너만의 방법은 뭐야?

A :

오늘의 미션

오늘 하루 동안 '힘들어'라는 말 하지 않기

긍정 확언 필사

중요한 것은 말하는 것이나 희망하는 것,
바라는 것이나 의도하는 것이 아니라
행동하는 것이다. 당신의 선택이 실질적으로
당신이 어떠한 사람인지 확실히 말해준다.

-브라이언 트레이시

오늘의 감사일기

_____

_____

_____

_____

_____

_____

_____

To Do List

☑
☐　　　　　　　☐
☐　　　　　　　☐
☐　　　　　　　☐
☐　　　　　　　☐
☐

오늘의 질문

Q : 스마트폰에서 가장 많이 사용하는 앱은?

A :

오늘의 미션

관심 있는 외국어 문제집 구입하기

긍정 확언 필사

시도하고 또 시도하는 자만이 성공을 쟁취하고
그것을 유지한다. 시도해 본다고 잃는 것은
없으며 성공하면 커다란 수확을 얻게 된다.
망설이지 말고 지금 당장 해보라!

-Ⅶ. 클레멘트 스톤

오늘의 감사일기

165일

To Do List

☑

□   □

□   □

□   □

□   □

□   □

오늘의 질문

Q : 가장 최근에 한 게임에서 사용했던 닉네임은?

A :

오늘의 미션

대청소하기

긍정 확언 필사

계속 시도하라.
각각의 실패는
성공에 한 걸음 더 다가가는 것이다.

-토마스 J. 빌로드

오늘의 감사일기

166일

To Do List

✓

☐   ☐

☐   ☐

☐   ☐

☐   ☐

☐   ☐

오늘의 질문

Q : 친구가 약속시간에 1시간 늦게 나왔다면 너의 반응은?

A :

오늘의 미션

'안 돼'라는 말 사용하지 않기

긍정 확언 필사

의무적으로 하는 운동은
몸에 해가 되지 않는다. 그러나 강제로
습득한 지식은 마음에 남지 않는다.

-플라톤

오늘의 감사일기

167일

To Do List

- [x]
- [ ]   [ ]
- [ ]   [ ]
- [ ]   [ ]
- [ ]   [ ]
- [ ]   [ ]

오늘의 질문

Q : 가장 기억에 남는 꿈은?

A :

오늘의 미션

SNS 속 환경 관련 게시물에 10개 이상 '좋아요' 누르기

긍정 확언 필사

강한 신체보다
강한 정신을 택하라.

-피타고라스

오늘의 감사일기

168일

To Do List

✔

☐ ☐

☐ ☐

☐ ☐

☐ ☐

☐ ☐

오늘의 질문

Q : 무인도에 가져갈 3가지는?

A :

오늘의 미션

복부에 힘준 채로 1시간 이상 걷기

긍정 확언 필사

모든 사람은 자신의 몸이라는
신전을 짓는 건축가다.

-헨리 데이비드 소로우

오늘의 감사일기

169일

To Do List

☑

☐   ☐

☐   ☐

☐   ☐

☐   ☐

☐   ☐

오늘의 질문

Q : 가방 속에 늘 있는 필수 소지품은?

A :

오늘의 미션

통장 잔고 확인해 보고 한 달 동안 지출했던 내용 정리해 보기

긍정 확언 필사

건강한 신체에
건강한 정신이 깃든다.

-유베날리스

오늘의 감사일기

_____

_____

_____

_____

_____

_____

_____

_____

17O일

To Do List

☑   ☐

☐   ☐

☐   ☐

☐   ☐

☐   ☐

오늘의 질문

Q : 지금 카카오톡 프로필 사진 뭐야?

A :

오늘의 미션

식사할 때 스마트폰 보면서 먹지 않기

긍정 확언 필사

몸을 건강히 유지하는 것은
나무와 구름을 비롯한
우주의 모든 것에 대한 감사의 표시다.

-틱낫한

오늘의 감사일기

_____

_____

_____

_____

_____

_____

_____

_____

며칠

To Do List

✔ ☐

☐ ☐

☐ ☐

☐ ☐

☐ ☐

오늘의 질문

Q : 죽기 전에 꼭 하고 싶은 게 있다면?

A :

오늘의 미션

부모님이나 가족을 위해 요리해 보기

긍정 확언 필사

건강이 있는 곳에 자유가 있다.
건강은 모든 자유 중에서 으뜸이다.

-H. F. 아미엘

오늘의 감사일기

_____

_____

_____

_____

_____

_____

_____

_____

_____

172일

To Do List

- ✔
- ☐
- ☐
- ☐
- ☐

- ☐
- ☐
- ☐
- ☐
- ☐

오늘의 질문

Q : 가장 무서워하는 건 뭐야?

A :

오늘의 미션

공복에 근력 운동하기

긍정 확언 필사

우리의 몸은 정원이오,
우리의 건강에 대한 의지는 정원사이다.

-셰익스피어

오늘의 감사일기

173일

To Do List

✔

오늘의 질문

Q : 배스킨라빈스에서 가장 좋아하는 맛은?

A :

오늘의 미션

일어나서 공복 10시간 유지하기

긍정 확언 필사

어디를 가든지
마음을 다해 가라.

-공자

오늘의 감사일기

_____

_____

_____

_____

_____

_____

_____

_____

174일

To Do List

☑   ☐

☐   ☐

☐   ☐

☐   ☐

☐   ☐

오늘의 질문

Q : 네가 사랑받아야 하는 이유는?

A :

오늘의 미션

학창 시절에 입던 교복 입어보기(없으면 그 시절에 입던 옷이나 액세서리 착용해 보기)

긍정 확언 필사

성공을 확신하는 것이
성공의 첫걸음이다.

-앨리스 워커

오늘의 감사일기

_____

_____

_____

_____

_____

_____

_____

_____

175일

To Do List

☑

오늘의 질문

Q : 꼭 만나고 싶은 사람이 있다면?

A :

오늘의 미션

제일 좋아하는 컬러로 네일 칠하기

긍정 확언 필사

뭔가를 두려워하면
그 뭔가가 나를 지배하게 된다.

-앨리스 워커

오늘의 감사일기

176일

To Do List

☑

☐   ☐

☐   ☐

☐   ☐

☐   ☐

☐   ☐

오늘의 질문

Q : 근래 가장 고마웠던 사람이 누구야?

A :

오늘의 미션

가장 아끼는 신발 신고 외출하기

긍정 확언 필사

인간의 마음에는
너무 소모적인 의지력 말고도
습관이란 대체재가 존재한다.

-웬디 우드

오늘의 감사일기

177일

To Do List

☑

☐   ☐

☐   ☐

☐   ☐

☐   ☐

☐   ☐

오늘의 질문

Q : 가장 많이 울었던 영화는?

A :

오늘의 미션

인터넷에서 명언을 찾아 나만의 표어를 만들어 책상 앞에 붙여 두기

긍정 확언 필사

실패를 실패로 끝내지 않는 사람만이
마지막에 웃을 수 있다.

-'손자병법' 중에서

오늘의 감사일기

178일

To Do List

☑

□

오늘의 질문

Q : 흑역사 하나만 말해줘.

A :

오늘의 미션

예쁜 액자를 구입해 부모님 사진 넣어 놓기

긍정 확언 필사

장애물이란,
목표에 눈을 뗐을 때
보이는 무서운 것들이다.

-헨리 포드

오늘의 감사일기

_____

_____

_____

_____

_____

_____

_____

_____

_____

179일

To Do List

- ☑
- ☐
- ☐
- ☐
- ☐

- ☐
- ☐
- ☐
- ☐
- ☐

오늘의 질문

Q : 돈이 생기면 주로 지출하는 곳은?

A :

오늘의 미션

거울 앞에서 몸매 체크해 보기(사진도 찍어 놓기!)

긍정 확언 필사

생각을 하면 얻지만,

생각이 없으면 얻지 못한다.

-맹자

오늘의 감사일기

_____

_____

_____

_____

_____

_____

_____

_____

180일

To Do List

☑

☐   ☐

☐   ☐

☐   ☐

☐   ☐

☐   ☐

오늘의 질문

Q : 학창 시절 나를 괴롭혔던 친구가 직장 후임으로 들어온다면?

A :

오늘의 미션

아무것도 하지 않고 누워서 좋아하는 음악 듣기

긍정 확언 필사

일을 망치고 아무것도 배운 게 없다면,

당신은 실수를 한 것이다.

일을 망치고 뭔가를 배웠다면

당신은 경험을 한 것이다.

-마크 맥파든

오늘의 감사일기

_____

_____

_____

_____

_____

_____

_____

_____

To Do List

✔

오늘의 질문

Q : 내가 할 수 있는 제2외국어는?

A :

오늘의 미션

모든 군것질 끊기

긍정 확언 필사

두려움으로 주저하고 앞으로 나아가지 못할 때,

두려움을 극복하려고만 하지 말고

두려워하면서 하라.

-김창옥

오늘의 감사일기

____ 월

오래전부터 고치지 못한 악질 습관이 하나 있는데
다리 꼬기, 구부정하게 앉기, 엎드려서 눕기 등등 좋지 않은 자세로 있는 거였다.
허리디스크 때문에 오랫동안 병원 치료도 받았고 거북목도 심해 목의 통증까지 심했는데
이 지독한 습관을 의식하기 전까지는 잘 고치지 못했다.

- 나는 지하철이나 카페에 앉아 있을 때 다리를 꼰다.
- 나는 침대에 엎드려서 책이나 스마트폰 보는 걸 즐겨 했다.
- 나는 스마트폰을 많이 보기 때문에 목은 거북목이고 허리는 구부정했다.

평소 언제 어디서 자세가 가장 나쁜지 파악해 보니 문제를 객관적으로 파악할 수 있었다.
이번 한 달 동안 지키고 싶은 가장 큰 목표로
'바른 자세로 있기'를 적고 내 자세를 의식하기 시작했다.
평소와 다른 자세로 있어야 해서 불편하긴 했지만
무의식중에 다리를 꼬아도 이내 정신을 차리면서 바른 자세로 다시 고치려고 노력했고
친구들에게도 다리를 꼬는 건 좋지 않다며 좋은 생활습관을 전파하기도 했다.
우리가 갖고 있는 대부분의 습관들은 오랫동안 지속해온 지난날의 결과물이다.
다시 그 습관을 고치고 싶다면 올바른 것으로 패치시키면 된다.
그 과정을 이겨내고 참아내면
건강한 습관으로 다시 태어난다.
상대방이 나에게 와서 '넌 이게 문제점이야'라고 지적하지 않아도
사실 우리는 우리의 문제점이 무엇인지 대강은 알고 있다.
바꾸려고 노력을 하느냐 안 하느냐의 차이가 아닐까.

이번 달 버킷 리스트

이번 달에 이루고 싶은 버킷 리스트 한 가지를 적고, 이루기 위해 필요한 방법들을 가지치기로 정리해 보세요.

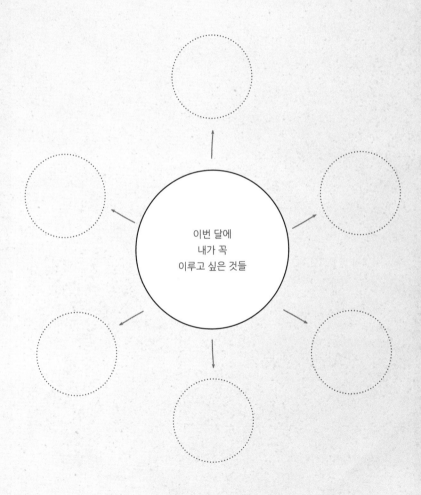

이번 달에
내가 꼭
이루고 싶은 것들

182일

To Do List

☑

☐   ☐

☐   ☐

☐   ☐

☐   ☐

☐   ☐

오늘의 질문

Q : 성격이 변했으면 해?

A :

오늘의 미션

9시에 잠자리에 눕기

긍정 확언 필사

당신이 무엇을 아는지 또는
누구를 아는지는 중요하지 않다.
누가 당신을 아느냐가 중요할 뿐이다.

-수잔 로안

오늘의 감사일기

_____

_____

_____

_____

_____

_____

_____

_____

183일

To Do List

☑

□   □

□   □

□   □

□   □

□

오늘의 질문

Q : 너만의 피부 관리 비법이 있다면?

A :

오늘의 미션

나만의 '물통' 만들기(1L 이상)

긍정 화언 필사

다시 눈을 떠 세상을 바라보면
무엇 하나 당연한 것이 없을 것이다.

-프레더릭 프랭크

오늘의 감사일기

_____

_____

_____

_____

_____

_____

_____

_____

184일

To Do List

☑

☐

☐

☐

☐

☐

☐

☐

☐

☐

오늘의 질문

Q : 신호등이 깜빡거릴 땐 어떤 편이야? 기다리는 편이야, 뛰어가는 편이야?

A :

오늘의 미션

책상 정리하기

긍정 확언 필사

결단코 채워지지 않는 이상한 그릇이 있는데
우리는 그것을 '마음'이라 부른다.
많은 사람들은 그것을 채우는 게
인생이라 믿는다.

-'트리거(김태균 저)' 중에서

오늘의 감사일기

185일

To Do List

- ✓
- ☐
- ☐
- ☐
- ☐

- ☐
- ☐
- ☐
- ☐
- ☐

오늘의 질문

Q : 핸드폰 사진첩은 잘 정리돼 있는 편이야?

A :

오늘의 미션

영화관 가서 혼자 영화 보기

긍정 확언 필사

어쩌면 그 많은 고통들이 착각에서
비롯된 것일 수도 있다.
세상이 공평해야 한다는 착각,
모든 게 내 뜻대로 흘러가야 한다는 착각.

-김수영

오늘의 감사일기

_____
_____
_____
_____
_____
_____
_____
_____

186일

To Do List

☑

☐   ☐

☐   ☐

☐   ☐

☐   ☐

☐   ☐

오늘의 질문

Q : 어떤 사람과 결혼해야 행복하게 살 수 있을까?

A :

오늘의 미션

나에게 자기 계발서 한 권 선물하기

긍정 확언 필사

고난이 선물인 이유는 정신을
강하게 하는 면도 있긴 하지만
겸손하게 만들기 때문이다.
그래서 귀중하다.

-'트리거(김태균 저)' 중에서

오늘의 감사일기

187일

To Do List

- ☑
- ☐
- ☐
- ☐
- ☐

- ☐
- ☐
- ☐
- ☐
- ☐

오늘의 질문

Q : 가족에게 화를 내면 무슨 마음이 들어?

A :

오늘의 미션

내 목소리 녹음해 들어보기

긍정 확언 필사

남보다 못하는 걸 개선하려 힘쓰기보다
내가 잘하는 것에 힘을 집중하라.
개선으론 따라잡기도 벅차지만
잘하면 1등을 할 수 있다.

-'트리거(김태균 지)' 중에서

오늘의 감사일기

_____

_____

_____

_____

_____

_____

_____

_____

188일

To Do List

☑

☐ ☐

☐ ☐

☐ ☐

☐ ☐

☐

오늘의 질문

Q : 부정적인 감정을 억누르는 나만의 방법은?

A :

오늘의 미션

창문을 깨끗하게 닦아보기

긍정 확언 필사

간절한 꿈은
행동을 만들고 행동은 습관이 되고
습관은 결국 꿈을 이루게 한다.

-'트리거(김태균 저)' 중에서

오늘의 감사일기

_____
_____
_____
_____
_____
_____
_____
_____

189일

To Do List

- [x]
- [ ]
- [ ]
- [ ]
- [ ]

- [ ]
- [ ]
- [ ]
- [ ]
- [ ]

오늘의 질문

Q : 평균 핸드폰 요금은?

A :

오늘의 미션

오늘 세 번 거울 보며 웃는 연습하기

긍정 확언 필사

실패의 99퍼센트는
습관적으로 변명하는
사람들 탓이다.

-조지 워싱턴 카버

오늘의 감사일기

_____

_____

_____

_____

_____

_____

_____

_____

190일

To Do List

✔

□   □

□   □

□   □

□   □

□   □

오늘의 질문

Q : 앞으로 3년 안에 모으고 싶은 저축금액은?

A :

오늘의 미션

치과에 치아 검진 예약하기

긍정 확언 필사

신이 인간에게 준 성공에 필요한
두 가지 도구는 교육과 운동이다.
둘은 함께 추구해야만
완벽함에 이를 수 있다.

- 플라톤

오늘의 감사일기

_____
_____
_____
_____
_____
_____
_____
_____

191일

To Do List

✔

☐   ☐

☐   ☐

☐   ☐

☐   ☐

☐   ☐

오늘의 질문

Q : 몸에 점이 몇 개야?

A :

오늘의 미션

좋아하는 영화의 OST 들어보기

긍정 확언 필사

내 삶이 지옥과 같다면
나는 독재자이고
내 삶이 천국과 같다면
나는 성군이다.

-'정적(배철현 저)' 중에서

오늘의 감사일기

_____

_____

_____

_____

_____

_____

_____

_____

192일

To Do List

☑

☐   ☐

☐   ☐

☐   ☐

☐   ☐

☐

오늘의 질문

Q : 사진을 찍어주는 게 좋아? 아니면 찍히는 게 좋아?

A :

오늘의 미션

직접 과일 갈아서 주스 만들어 마시기

긍정 확언 필사

진짜 가난한 사람은 부자처럼 보이길 원하고
돈으로 행복을 살 수 있다고 믿으며
한방을 노리다 실패하면 남을 탓한다.
진짜 부자는 자유를 추구하고
과정을 중요하게 여기며 결과에 책임진다.

-엠제이 드마코

오늘의 감사일기

_____

_____

_____

_____

_____

_____

_____

_____

193일

To Do List

✔

오늘의 질문

Q : 오늘 하지 못한 일은?

A :

오늘의 미션

저녁 6시 이후 금식하기

긍정 확언 필사

말투는 관계를 바꾸고
관계는 인생을 바꾼다.

―장 차오

오늘의 감사일기

194일

To Do List

☑ ☐

☐ ☐

☐ ☐

☐ ☐

☐ ☐

오늘의 질문

Q : 나를 가슴 뛰게 만드는 흥미로운 일은?

A :

오늘의 미션

단편 소설 하나 골라 필사하기

긍정 확언 필사

우리는 수시로 욕망을 잉태한다.

욕망의 쌍둥이는 두려움이다.

강렬할수록 두려움도 커지고

실패할 가능성도 높아진다.

-'트리거(김태균 저)' 중에서

오늘의 감사일기

_____

_____

_____

_____

_____

_____

_____

_____

195일

To Do List

- ✓
- ☐ ☐
- ☐ ☐
- ☐ ☐
- ☐ ☐
- ☐ ☐

오늘의 질문

Q : 대한민국에서 가장 가고 싶은 여행지는?

A :

오늘의 미션

가족과 영상통화하기

긍정 확언 필사

성공은 훌륭한 판단의 결과다.
훌륭한 판단은 경험의 결과다.
경험의 대부분은 실패다.

-앤서니 라빈스

오늘의 감사일기

_____

_____

_____

_____

_____

_____

_____

_____

196일

To Do List

✔

□   □

□   □

□   □

□   □

□   □

오늘의 질문

Q : 메신저 답장은 빠른 편이야?

A :

오늘의 미션

좋아하는 노래의 가사를 공책에 적어보기(트로트, 발라드, 댄스 모두 오케이!)

긍정 확언 필사

우리들은 모두 남의 불행에
견딜 수 있을 만큼 충분히 행복하다.

- 라 로슈 푸코

오늘의 감사일기

_____

_____

_____

_____

_____

_____

_____

_____

197일

To Do List

✓ □

□ □

□ □

□ □

□ □

오늘의 질문

Q : 가장 좋아하는 냄새는?

A :

오늘의 미션

오늘 하루는 미지근한 물만 마셔보기

긍정 확언 필사

한 사람의 올바른 신념은
수많은 사람의 행동을 변화시킨다.

-폴 메스켄지

오늘의 감사일기

_____

_____

_____

_____

_____

_____

_____

_____

_____

198일

To Do List

- ✔
- ☐
- ☐
- ☐
- ☐

- ☐
- ☐
- ☐
- ☐
- ☐

오늘의 질문

Q : 작년은 나에게 좋은 해였을까?

A :

오늘의 미션

내 셀카 인화해보기

긍정 확언 필사

꿈은 도망가지 않아,
도망가는 건 언제나 자신이야.

-'짱구는 못말려' 중에서

오늘의 감사일기

_____

_____

_____

_____

_____

_____

_____

199일

To Do List

- ☑
- ☐
- ☐
- ☐
- ☐

- ☐
- ☐
- ☐
- ☐
- ☐

오늘의 질문

Q : 주변 사람들이 행복해 보여?

A :

오늘의 미션

집에 있는 모든 거울 닦기

긍정 확언 필사

희망이란, 본래 있다고도 할 수 없고, 없다고도
할 수 없다. 그것은 땅 위의 길과 같다.
본래 땅 위에는 길이 없었다. 걸어가는 사람이
많아지면 그것이 곧 길이 된다.

-루쉰

오늘의 감사일기

_____

_____

_____

_____

_____

_____

_____

_____

200일

To Do List

✔   ☐

☐   ☐

☐   ☐

☐   ☐

☐   ☐

오늘의 질문

Q : 이 책을 완성했을 때 나에게 하고 싶은 말은?

A :

오늘의 미션

2시간 동안 스마트폰 전원 꺼두기

긍정 확언 필사

인간의 죽음은
패배했을 때가 아니라
포기했을 때에 온다.

-닉슨

오늘의 감사일기

_____

_____

_____

_____

_____

_____

_____

_____

201일

To Do List

✔   ☐

☐   ☐

☐   ☐

☐   ☐

☐   ☐

오늘의 질문

Q : 넌 누구를 위해 살고 있어?

A :

오늘의 미션

좋아하는 음악 들으면서 2시간 동안 산책하기

긍정 확언 필사

공부와 실천은 수레의 두 바퀴와 같다.

자기 자신도 이롭게 하고

남도 이롭게 한다.

-원효

오늘의 감사일기

_____

_____

_____

_____

_____

_____

_____

_____

202일

To Do List

- ✔
- ☐
- ☐
- ☐
- ☐
- ☐
- ☐
- ☐
- ☐
- ☐

오늘의 질문

Q : 키우고 싶은 반려동물은?

A :

오늘의 미션

자기 자신을 사랑한다는 말을 종이에 써보기

긍정 확언 필사

세상의 일이 부지런하면 다스려지고,
부지런하지 못하면 버려지는 것은
필연의 이치이다.

-삼봉 정도전

오늘의 감사일기

_____

_____

_____

_____

_____

_____

_____

_____

_____

203일

To Do List

✔

오늘의 질문

Q : 성실하지만 일의 능률이 떨어지는 직원을 자를 수 있을까?

A :

오늘의 미션

내 성격 중 마음에 드는 점을 3가지 찾아보기

긍정 확언 필사

세상의 변화를 보고 싶다면

나부터 변해야 한다.

-간디

오늘의 감사일기

_____

_____

_____

_____

_____

_____

_____

_____

204일

To Do List

✔ ☐   ☐

☐   ☐

☐   ☐

☐   ☐

☐   ☐

오늘의 질문

Q : 만약 사업을 한다면?

A :

오늘의 미션

오늘 전화한 목록 기록해 보기

긍정 확언 필사

무지를 아는 것이
곧 앎의 시작이다.

-소크라테스

오늘의 감사일기

205일

To Do List

☑

☐ ☐

☐ ☐

☐ ☐

☐ ☐

☐ ☐

오늘의 질문

Q : 가장 기분 나빴던 악몽이 있다면?

A :

오늘의 미션

부모님 염색해 드리기

긍정 확언 필사

생각하는 것이 인생의 소금이라면
희망과 꿈은 인생의 사탕이다.
꿈이 없다면 인생은 쓰다.

-바론 리튼

오늘의 감사일기

_____

_____

_____

_____

_____

_____

_____

206일

To Do List

- ☑
- ☐
- ☐
- ☐
- ☐

- ☐
- ☐
- ☐
- ☐
- ☐

오늘의 질문

Q : 가장 좋아하는 개그맨은?

A :

오늘의 미션

찬물로 샤워하기(또는 샤워할 때 찬물로 마무리하기!)

긍정 확언 필사

행복의 비결은
포기해야 할 것을
포기하는 것이다.

-앤드루 카네기

오늘의 감사일기

_____

_____

_____

_____

_____

_____

_____

207일

To Do List

- [x]
- [ ]
- [ ]
- [ ]
- [ ]

- [ ]
- [ ]
- [ ]
- [ ]
- [ ]

오늘의 질문

Q : 다녔던 학교들의 이름을 써보자.

A :

오늘의 미션

1년 후 나에게 선물해 주고 싶은 10만 원 상당의 선물을 골라보기

긍정 확언 필사

나의 좌우명은 집중이다.
첫째는 정직, 그다음은 근면,
그리고 그다음이 집중이다.

-앤드루 카네기

오늘의 감사일기

208일

To Do List

☑

☐　　　　　☐

☐　　　　　☐

☐　　　　　☐

☐　　　　　☐

☐

오늘의 질문

Q : 짝사랑했던 적 있어?

A :

오늘의 미션

어제 고른 선물을 위한 1년간의 저축 계획 세워보기

긍정 확언 필사

인생은 자전거를 타는 것과 같다.
균형을 잡으려면 움직여야 한다.

-아인슈타인

오늘의 감사일기

_____

_____

_____

_____

_____

_____

_____

_____

209일

To Do List

✔

오늘의 질문

Q : 회사의 대표가 된다면 어떤 회사의 대표이고 싶어?

A :

오늘의 미션

스마트폰의 내장 폴더 정리하기

긍정 확언 필사

너 자신의 무지를
절대 과소평가하지 마라.

-아인슈타인

오늘의 감사일기

_____

_____

_____

_____

_____

_____

_____

_____

210일

To Do List

☑ ☐
☐ ☐
☐ ☐
☐ ☐
☐ ☐

오늘의 질문

Q : 가장 갖고 싶은 전자제품은?

A :

오늘의 미션

집에 있는 커튼 빨래하기(커튼이 없다면 예쁜 커튼을 달아보기)

긍정 확언 필사

살아보기 전까진

인생이 어떤 것인지

알 수 없다.

−마릴린 먼로

오늘의 감사일기

_____

_____

_____

_____

_____

_____

_____

_____

2/1일

To Do List

✓

오늘의 질문

Q : 몇 살까지 살고 싶어?

A :

오늘의 미션

하루 동안 물티슈 없이 생활하기

긍정 확언 필사

우리는 너무 늙기 전에
우리의 삶을 시작해야 한다.
두려움은 멍청한 감정이다.
후회 또한 그렇다.

-마릴린 먼로

오늘의 감사일기

2/2일

To Do List

☑

오늘의 질문

Q : 운전해 봤어? 처음으로 운전할 땐 어땠어?

A :

오늘의 미션

삼시 세끼 한식으로만 먹기

긍정 확언 필사

춤추는 별을 잉태하려면
반드시 스스로의
내면에 혼돈을 지녀야 한다.

-프리드리히 니체

오늘의 감사일기

_____

_____

_____

_____

_____

_____

_____

_____

___월

요즘은 집에 있는 시간보다 밖에 있는 시간이 많다 보니 외식이 자연스레 늘었다.

요리하는 게 귀찮아져서 그런지 배달음식을 부르는 횟수도 늘어났다.

하지만 배달음식이 올 때마다 일회용 용기를 사용하는 것도 영 찝찝하고,

코로나 걱정에 사람 많은 곳에서 외식하는 것도 걱정이고,

늘어난 지출에 바닥나려 하는 통장 잔고도 신경이 쓰인다.

그래서 이번 달 목표는 배달음식과 외식 줄이기.

인터넷으로 밀키트와 반찬 몇 가지만 시킨 후에 밥만 안치면 된다.

그러면 일주일은 뚝딱 먹을 수 있는데 그 쉽다고 생각하는 게 왜 이렇게 안되는지.

'그래, 습관이 안 되어서 그래. 집에서 밥해 먹는 습관을 만들자'

그래서 아예 밖에서 외식할 수 없게끔 좋아하는 반찬을 주문하고

매일 하루 동안 지출을 얼마나 했는지 체크하면서 지난주와 비교를 했다.

의식할수록 나의 다짐은 더 확고해졌다.

집밥을 먹으니 속이 편안해지고 기분 나쁜 배부름도 사라졌다.

반찬으로 단백질과 채소의 밸런스를 맞춰먹으니

몸매 관리는 덤이었다.

이렇게 또 하나 배워간다.

외식을 줄이면 일석삼조구나.

돈도 절약하고, 몸매도 관리할 수 있고, 건강도 유지할 수 있고!

그 절약된 돈으로 예쁜 옷이나 사 입어야겠다.

이번 달 버킷 리스트

이번 달에 이루고 싶은 버킷 리스트 한 가지를 적고, 이루기 위해 필요한 방법들을 가지치기로 정리해 보세요.

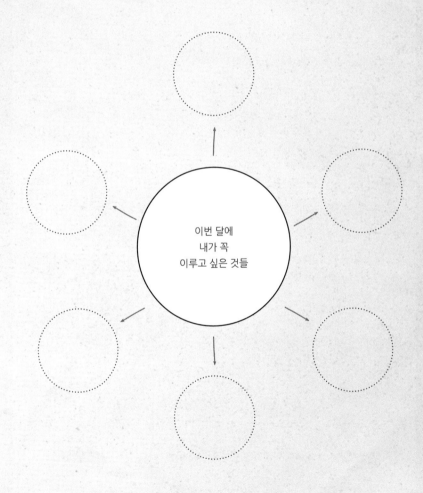

이번 달에
내가 꼭
이루고 싶은 것들

To Do List

☑

☐   ☐

☐   ☐

☐   ☐

☐   ☐

☐   ☐

오늘의 질문

Q : 좋아하는 옷 스타일이 뭐야?

A :

오늘의 미션

구독한 앱이나 서비스 중에서 필요 없는 것들 정리하기

긍정 확언 필사

왜 굳이 의미를 찾으려 하는가?
인생은 욕망이지,
의미가 아니다.

-찰리 채플린

오늘의 감사일기

_____

_____

_____

_____

_____

_____

_____

_____

2/4일

To Do List

- [x]
- [ ]   [ ]
- [ ]   [ ]
- [ ]   [ ]
- [ ]   [ ]
- [ ]

오늘의 질문

Q : 감독이 된다면 어떤 영화를 만들고 싶어?

A :

오늘의 미션

따뜻한 차 3잔 이상 마시기

긍정 확언 필사

미래는 현재 우리가
무엇을 하는가에
달려 있다.

-간디

오늘의 감사일기

_____

_____

_____

_____

_____

_____

_____

_____

_____

215일

To Do List

✔   ☐

☐   ☐

☐   ☐

☐   ☐

☐   ☐

오늘의 질문

Q : 다이어리 쓰기 귀찮아서 미룬 적 있어?

A :

오늘의 미션

가장 좋아하는 시인의 시 1편 이상 필사하기

긍정 확언 필사

자신을 사랑하는 법을 아는 것이
가장 위대한 사랑입니다.

-마이클 매서

오늘의 감사일기

216일

To Do List

✔

오늘의 질문

Q : 주변에 친해지고 싶은 사람 있어?

A :

오늘의 미션

수능 무료 특강 영상을 찾아 문학 강의 들어보기

긍정 확언 필사

살아있는 한
희망은 있다.

-키케로

오늘의 감사일기

2.7일

To Do List

- [x]
- [ ]   [ ]
- [ ]   [ ]
- [ ]   [ ]
- [ ]   [ ]
                         [ ]

오늘의 질문

Q : 최근에 충동구매로 산 거 있어?

A :

오늘의 미션

예전에 사용하던 다이어리나 일기장 찾아 읽어보기

긍정 확언 필사

스스로를 존경하면
다른 사람도
그대를 존경할 것이다.

-공자

오늘의 감사일기

218일

To Do List

- ✔
- ☐
- ☐
- ☐
- ☐

- ☐
- ☐
- ☐
- ☐
- ☐

오늘의 질문

Q : 가장 좋아하는 노래 구절이 뭐야?

A :

오늘의 미션

예쁜 그림을 구입해 거실이나 현관 앞에 걸어보기

긍정 확언 필사

친구를 고를 때는 천천히,

친구를 바꿀 때는

더 천천히.

-벤자민 프랭클린

오늘의 감사일기

_____

_____

_____

_____

_____

_____

_____

_____

219일

To Do List

☑   ☐

☐   ☐

☐   ☐

☐   ☐

☐   ☐

오늘의 질문

Q : 자식을 낳는다면 몇 명 낳고 싶어?

A :

오늘의 미션

휴대전화 벨 소리, 카톡 알림음, 문자 알림음을 바꿔보기

긍정 확언 필사

많은 공부와 지식이 곧
지혜로 연결되는 것은 아니다.

-헤라클레이토스

오늘의 감사일기

_____

_____

_____

_____

_____

_____

_____

_____

220일

To Do List

- [x]
- [ ]
- [ ]
- [ ]
- [ ]

- [ ]
- [ ]
- [ ]
- [ ]
- [ ]

오늘의 질문

Q : 부모님에게 표현 잘 해?

A :

오늘의 미션

오늘 하루만이라도 고치고 싶은 습관 하나 정해 고쳐보기

긍정 확언 필사

먼저 행동으로
옮기고 나서 말하라.

-스티븐 스필버그

오늘의 감사일기

_____

_____

_____

_____

_____

_____

_____

_____

221일

To Do List

☑

☐ ☐

☐ ☐

☐ ☐

☐ ☐

☐

오늘의 질문

Q : 어렸을 때 저금통에 제일 많이 모아본 금액은?

A :

오늘의 미션

하루 동안 한숨 쉬지 않기

긍정 확언 필사

다른 목소리가 때로는 모욕적이고
불쾌한 내용이더라도 세상을 더
좋고 흥미롭게 만든다.

-마크 저커버그

오늘의 감사일기

222일

To Do List

✔

☐   ☐

☐   ☐

☐   ☐

☐   ☐

☐   ☐

오늘의 질문

Q : 좀비가 나타나면 어떻게 할 거야?

A :

오늘의 미션

시계의 약을 모두 빼놓고 생활해 보기(일 때문에 힘들다면 주말에 꼭 도전해 보기!)

긍정 확언 필사

끊임없이 노력하라.

체력이나 지능이 아니라

노력이야말로

잠재력의 자물쇠를 푸는 열쇠다.

-윈스턴 처칠

오늘의 감사일기

223일

To Do List

☑ ☐

☐ ☐

☐ ☐

☐ ☐

☐ ☐

오늘의 질문

Q : 내가 가장 평화롭다고 느끼는 때는?

A :

오늘의 미션

소정의 선물을 준비했다가 제일 먼저 나에게 미안하다는 말을 하는 사람에게 선물하기

긍정 확언 필사

겨울은 내 머리 위에 있다.
하지만 영원한 봄은
내 마음속에 있다.

-빌 게이츠

오늘의 감사일기

_____

_____

_____

_____

_____

_____

_____

_____

224일

To Do List

☑   ☐

☐   ☐

☐   ☐

☐   ☐

☐   ☐

오늘의 질문

Q : 가장 좋아하는 숫자는?

A :

오늘의 미션

향이 좋은 와인을 한 병 골라 혼술 하기

긍정 확언 필사

좋게 만들 수 없다면,
적어도 좋아 보이게
만들어라.

-빌 게이츠

오늘의 감사일기

_____

_____

_____

_____

_____

_____

_____

_____

225일

To Do List

☑

☐   ☐

☐   ☐

☐   ☐

☐   ☐

☐

오늘의 질문

Q : 개정되었으면 하는 법이 있다면?

A :

오늘의 미션

나만의 아이디어 노트를 만들어 보기

긍정 확언 필사

아무런 위험을 감수하지 않는다면
더 큰 위험을 감수하게 될 것이다.

-에리카 종

오늘의 감사일기

_____

_____

_____

_____

_____

_____

_____

_____

To Do List

- ✔
- ☐   ☐
- ☐   ☐
- ☐   ☐
- ☐   ☐
- ☐   ☐

오늘의 질문

Q : 학창 시절 나만의 교복 스타일은 어땠어?

A :

오늘의 미션

하루 동안 얼굴 만지지 않기(세수할 때는 빼고!)

긍정 확언 필사

평범한 사람은 자신보다
뛰어난 사람을 알아보지 못하지만
재능을 가진 사람은 천재를 즉시 알아본다.

-아서 코난 도일

오늘의 감사일기

_____
_____
_____
_____
_____
_____
_____
_____
_____

227일

To Do List

☑ ☐

☐ ☐

☐ ☐

☐ ☐

☐ ☐

오늘의 질문

Q : 오늘 나를 웃게 한 것은?

A :

오늘의 미션

연습장도, 프린트도 이면지만 사용하기

긍정 확언 필사

지혜는
연륜이 아닌
능력으로 얻어진다.

-플라우투스

오늘의 감사일기

_____

_____

_____

_____

_____

_____

_____

_____

228일

To Do List

☑

☐   ☐

☐   ☐

☐   ☐

☐   ☐

☐

오늘의 질문

Q : 내가 가장 먼저 알았다면 특허 내고 싶은 발명품은?

A :

오늘의 미션

오늘 만나는 길냥이들에게 이름을 붙여주기

긍정 확언 필사

사랑하고 사랑받는 것은
양쪽에서 태양을 느끼는 것이다.

-데이비드 비스코트

오늘의 감사일기

_____

_____

_____

_____

_____

_____

_____

_____

229일

To Do List

✔

☐ ☐

☐ ☐

☐ ☐

☐ ☐

☐ ☐

오늘의 질문

Q : 외식하러 가장 많이 가는 식당이 어디야?

A :

오늘의 미션

하루 동안 어떤 일이든 고민하지 않기

긍정 확언 필사

긴 하루 끝에
좋은 책이 기다리고 있다는 생각만으로도
그날은 더 행복한 날이 된다.

-캐슬린 노리스

오늘의 감사일기

230일

To Do List

- ✔
- ☐
- ☐
- ☐
- ☐

- ☐
- ☐
- ☐
- ☐
- ☐

오늘의 질문

Q : 케이크 좋아해?

A :

오늘의 미션

두 끼 요리해 먹기

긍정 확언 필사

두려움 때문에
갖는 존경심만큼
비열한 것은 없다.

-카뮈

오늘의 감사일기

_____

_____

_____

_____

_____

_____

_____

231일

To Do List

- [x]
- [ ]
- [ ]
- [ ]
- [ ]

- [ ]
- [ ]
- [ ]
- [ ]
- [ ]

오늘의 질문

Q : 속상해하는 친구에게 어떤 위로의 말을 건네면 좋을까?

A :

오늘의 미션

아침, 점심, 저녁에 15분씩 스트레칭하기

긍정 확언 필사

가장 유능한 사람은
배움에 가장
힘쓰는 사람이다.

-괴테

오늘의 감사일기

232일

To Do List

- ✔
- ☐
- ☐
- ☐
- ☐
- ☐
- ☐
- ☐
- ☐
- ☐

오늘의 질문

Q : 1시간 전으로 돌아가는 능력 vs 1시간 후를 예측하는 능력 중 선택한다면?

A :

오늘의 미션

부모님과 외식하기

긍정 확언 필사

삶의 목적은 자기계발이다.
자신의 본성을 완벽하게 실현하는 것.
바로 그 목적을 위해
우리 모두가 지금 여기 존재한다.

-오스카 와일드

오늘의 감사일기

_____

_____

_____

_____

_____

_____

_____

_____

233일

To Do List

- [x]
- [ ]
- [ ]
- [ ]
- [ ]

- [ ]
- [ ]
- [ ]
- [ ]
- [ ]

오늘의 질문

Q : 길에서 돈 주워본 적 있어?

A :

오늘의 미션

일어나자마자 미지근한 물 한 잔 마시기

긍정 확언 필사

운명이 가하는 고통에
우리는 인내심을 가지고 맞서야 하며,
적이 가하는 고통에는
남자다운 용기로 맞서야 한다.

-투키디데스

오늘의 감사일기

_____
_____
_____
_____
_____
_____
_____
_____

234일

To Do List

☑　　　　　　　　☐

☐　　　　　　　　☐

☐　　　　　　　　☐

☐　　　　　　　　☐

☐　　　　　　　　☐

오늘의 질문

Q : 경찰서 가본 적 있어?

A :

오늘의 미션

평소 많이 쓰는 욕들 적어보고, 대체 단어 정해보기

긍정 확언 필사

위대한 사람은
기회가 없다고
원망하지 않는다.

- 랄프 왈도 에머슨

오늘의 감사일기

_____
_____
_____
_____
_____
_____
_____
_____
_____

235일

To Do List

✔ ☐

☐ ☐

☐ ☐

☐ ☐

☐ ☐

오늘의 질문

Q : 층간 소음 겪어본 적 있어?

A :

오늘의 미션

가족들 사진 찍어 인화하기

긍정 확언 필사

다른 사람이 가져오는 변화나 더 좋은 시기를
기다리기만 한다면 결국 변화는
오지 않을 것이다. 우리 자신이 바로
우리가 기다리던 사람이다.
우리 자신이 바로 우리가 찾는 변화다.

-버락 오바마

오늘의 감사일기

_____

_____

_____

_____

_____

_____

_____

_____

236일

To Do List

✔

오늘의 질문

Q : 너의 잠옷 스타일은?

A :

오늘의 미션

환경을 위해 세제 사용하지 않고 하루 보내기

긍정 확언 필사

어릴 때 늘 못생겼다고 놀림을 당했기에
미운 오리 새끼를 쓸 수 있었다. 어릴 때
너무 가난했기에 성냥팔이 소녀를 쓸 수 있었다.
나에게 역경은 진정한 축복이었다.

- 안데르센

오늘의 감사일기

2꾸일

To Do List

☑ ⬜

⬜ ⬜

⬜ ⬜

⬜ ⬜

⬜ ⬜

오늘의 질문

Q : 술 버릇이 뭐야?

A :

오늘의 미션

자기 전에 영화 한 편 보기

긍정 확언 필사

행복의 문이 하나 닫히면 다른 문이 열린다.

그러나 우리는 종종 닫힌 문을

멍하니 바라보다가

우리를 향해 열린 문을 보지 못한다.

-헬렌 켈러

오늘의 감사일기

_____

_____

_____

_____

_____

_____

_____

_____

238일

To Do List

☑

☐   ☐

☐   ☐

☐   ☐

☐   ☐

☐   ☐

오늘의 질문

Q : 가장 좋아하는 배우는?

A :

오늘의 미션

나만의 시를 써보기

긍정 확언 필사

행복의 열쇠 중 하나는
어두운 과거를 잊어버리는
좋지 않은 기억력이다.

-리타 메이 브라운

오늘의 감사일기

239일

To Do List

✔

☐ ☐

☐ ☐

☐ ☐

☐ ☐

☐ ☐

오늘의 질문

Q : 너의 아킬레스건은 뭐야?

A :

오늘의 미션

악기 하나 정해 배워보기(연습 계획을 꼼꼼하게 세우기)

긍정 확언 필사

나는 폭풍이 두렵지 않다.
나의 배로 항해하는 법을
배우고 있으니까.

-헬렌 켈러

오늘의 감사일기

_____

_____

_____

_____

_____

_____

_____

_____

_____

To Do List

☑

☐　　　　　　　　☐

☐　　　　　　　　☐

☐　　　　　　　　☐

☐　　　　　　　　☐

☐　　　　　　　　☐

오늘의 질문

Q : 지금 당장 해결하고 싶은 일이 있다면?

A :

오늘의 미션

내 적금 통장 확인하고 체크해 보기

긍정 확언 필사

삶은 고난으로 가득하지만
그것을 극복하는 일들로도
가득 차 있다.

-헬렌 켈러

오늘의 감사일기

_____

_____

_____

_____

_____

_____

_____

_____

241일

To Do List

☑ ☐

☐ ☐

☐ ☐

☐ ☐

☐ ☐

오늘의 질문

Q : 죽기 전에 한 번쯤 해보고 싶은 머리 스타일은?

A :

오늘의 미션

나만의 장바구니 만들어보기

긍정 확언 필사

이 세상에 기쁜 일만 있다면
용기도 인내도
배울 수 없을 것이다.

-헬렌 켈러

오늘의 감사일기

_____
_____
_____
_____
_____
_____
_____
_____

242일

To Do List

☑

☐ ☐

☐ ☐

☐ ☐

☐ ☐

☐

오늘의 질문

Q : 키가 몇이야?

A :

오늘의 미션

이불, 베개 커버, 침대 시트를 빨아 보기

긍정 확언 필사

희망은 볼 수 없는 것을 보게 하고,

만질 수 없는 것을 느끼게 하고,

불가능한 것을 이루게 한다.

-헬렌 켈러

오늘의 감사일기

_____

_____

_____

_____

_____

_____

_____

_____

243일

To Do List

☑

☐   ☐

☐   ☐

☐   ☐

☐   ☐

☐   ☐

오늘의 질문

Q : 신이 존재한다고 믿어?

A :

오늘의 미션

자기 전에 뜨거운 물로 족욕하기

긍정 확언 필사

우리가 할 수 있는 최선을 다할 때
우리와 타인의 삶에 어떤 기적이
나타날지는 아무도 모른다.

-헬렌 켈러

오늘의 감사일기

___월

올해부터 시작된 나의 대장정 프로젝트.

1년 동안 매달 책 한 권씩은 꼭 읽자! 1년이면 12권!

우선 마음은 그렇게 먹었는데 처음에는 정말 쉽지가 않았다.

어릴 때부터 독서하는 습관을 만들고 싶어서 책상 앞에 앉아 집중하려고 노력했는데

이내 다른 생각이 들거나 지루해져서 제대로 되지를 않았었다.

그래도 일단은 이해가 되든 안 되든 우선 읽어나 보자는 마음으로 나를 다독였다.

"선녀야, 한 달에 한 권은 읽어보자.

하루는 24시간, 한 달이면 744시간이다.

한자리에서 집중하고 읽으면 2-3시간 만에 읽는다는데

744시간 중에 책 한 권을 위해 2시간도 투자 못 하겠어?" 하는 생각이 들었다.

서점에 가서 책 코너를 둘러봤다.

빽빽한 글씨에 이해하기 어려운 난해한 책 앞에서 한숨이 절로 나왔다.

'읽고 싶다고 느껴지는 흥미로운 책부터 읽자.'

꼭 베스트셀러를 읽어야 되는 건 아니니까!

처음에는 알록달록 그림이 들어간 책을 골랐다. 읽어보니 재밌었다.

그다음 도전은 자신의 분야에서 성공한 스포츠 선수들의 에세이다.

나도 더 열심히 해야겠다는 강한 의지가 불타오른다.

나도 언젠가 꿈을 이뤄 많은 분들에게 좋은 영향을 주고 싶다.

그리고 지금 나는 컴퓨터 앞에서 이 글을 쓰고 있다.

처음에는 단순히 독서가 좋다고 하니까 꾸준히 해보자는 억지스러운 마음이었지만

하다 보니 책을 왜 마음의 양식이라 하는지 알 것 같다.

습관이 내게 준 또 다른 선물이다.

어쩐지 글도 예전보다 술술 잘 써지는 것 같다. 맞춤법도 잘 틀리지 않는다.

습관으로 만들지 못할 것 같았던 까마득한 목표들을 매달 이루고 나니

별거 아니라고 생각하는 목표들은 더 별거 아니라는 생각이 드는 게 아닌가.

과거의 나, 역시 못하는 게 아니라 안 하는 거였다.

이번 달 버킷 리스트

이번 달에 이루고 싶은 버킷 리스트 한 가지를 적고, 이루기 위해 필요한 방법들을 가지치기로 정리해 보세요.

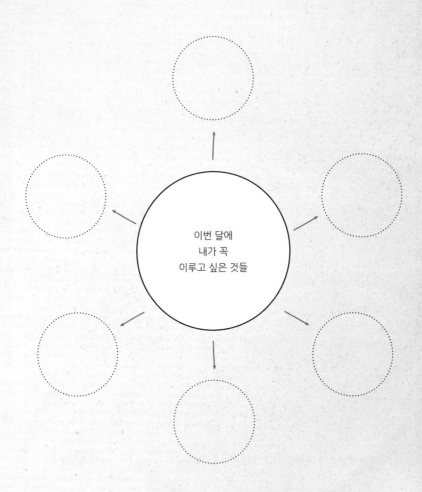

이번 달에
내가 꼭
이루고 싶은 것들

244일

To Do List

☑

☐   ☐

☐   ☐

☐   ☐

☐   ☐

☐   ☐

오늘의 질문

Q : 가지고 있는 카메라 있어?

A :

오늘의 미션

우리 동네에서 가장 가까운 유기견 센터 주소 찾아보기

긍정 확언 필사

인성은 쉽고 조용하게 계발될 수 없다.
시련과 고통의 경험을 통해서만
영혼은 강해지고 야망은 고무될 수 있다.
그렇게 성공이 이뤄진다.

-헬렌 켈러

오늘의 감사일기

_____

_____

_____

_____

_____

_____

_____

_____

245일

To Do List

✔

오늘의 질문

Q : 환경을 위해 내가 노력하는 것이 있다면?

A :

오늘의 미션

영어 단어 30개 외워보기

긍정 확언 필사

좋은 책을 읽는다는 것은
지난 몇 세기에 걸쳐 가장
훌륭한 사람들과 대화하는 것이다.

-데카르트

오늘의 감사일기

_____

_____

_____

_____

_____

_____

_____

_____

248일

To Do List

✓

오늘의 질문

Q : 이성을 볼 때 '이건 절대 참을 수 없다' 하는 것은?

A :

오늘의 미션

한 정거장 먼저 내려 걸어보기

긍정 확언 필사

끝까지 해보아라.
내가 살아가면서 발견한 것 중
가장 귀한 것은 바로 인내였다.

-아이작 뉴턴

오늘의 감사일기

_____

_____

_____

_____

_____

_____

_____

247일

To Do List

- ✔
- ☐
- ☐
- ☐
- ☐

- ☐
- ☐
- ☐
- ☐
- ☐

오늘의 질문

Q : 노력하면 정말 뭐든 가질 수 있다고 믿어?

A :

오늘의 미션

오천 원으로 하루 살아보기

긍정 확언 필사

> 지혜로운 자는 가난해도 즐거워하고
> 어리석은 자는 부자라도 걱정한다.
>
> -최치원

오늘의 감사일기

_____

_____

_____

_____

_____

_____

_____

_____

248일

To Do List

- ✔
- ☐
- ☐
- ☐
- ☐

- ☐
- ☐
- ☐
- ☐

오늘의 질문

Q : 어렸을 때 가장 무서워했던 것은?

A :

오늘의 미션

식사할 때 물 마시지 않기

긍정 확언 필사

만약 누군가를
당신의 편으로 만들고 싶다면,
먼저 당신이 그의 진정한
친구임을 확신시켜라.

-에이브러햄 링컨

오늘의 감사일기

249일

To Do List

☑   ☐

☐   ☐

☐   ☐

☐   ☐

☐   ☐

오늘의 질문

Q : 잃어버리고 가장 속상했던 소지품이 있다면?

A :

오늘의 미션

친구를 위해 요리해 보기

긍정 확언 필사

열정 없는 사람은

꼼짝하지 않고

바람을 기다리는 배와 같다.

-아르센 우세

오늘의 감사일기

_____

_____

_____

_____

_____

_____

_____

_____

250일

To Do List

✔ ☐

☐ ☐

☐ ☐

☐ ☐

☐ ☐

오늘의 질문

Q : 그림 잘 그려?

A :

오늘의 미션

3시간 동안 스마트폰 전원 꺼두기

긍정 확언 필사

나는 젊었을 때
10번 시도하면 9번 실패했다.
그래서 10번씩 시도했다.

-조지 버나드 쇼

오늘의 감사일기

_____

_____

_____

_____

_____

_____

_____

_____

251일

To Do List

☑

☐　　　　　　　　☐

☐　　　　　　　　☐

☐　　　　　　　　☐

☐　　　　　　　　☐

☐　　　　　　　　☐

오늘의 질문

Q : 가장 최근에 본 예능이 뭐야?

A :

오늘의 미션

집 근처에서 1시간 동안 걷기

긍정 확언 필사

99도까지 죽을힘을 다하여 온도를
올려두어도 마지막 1도를 넘기지 못하면
물은 영원히 끓지 않는다. 물을 끓이는 것은
마지막 1도, 포기하고 싶은 바로 그
1분을 참아내는 것이다.

-김연아

오늘의 감사일기

_____

_____

_____

_____

_____

_____

_____

_____

_____

252일

To Do List

- ☑
- ☐
- ☐
- ☐
- ☐

- ☐
- ☐
- ☐
- ☐
- ☐

오늘의 질문

Q : 초등학교 친구들과 연락해?

A :

오늘의 미션

나에게 인문학 도서 한 권 선물하기

긍정 확언 필사

처음부터 겁먹지 말자.
막상 가면 아무것도 아닌 게 세상에는
참으로 많다. 첫걸음을 떼기 전에는
앞으로 나아갈 수 없고,
뛰기 전에는 이길 수 없다.

-김연아

오늘의 감사일기

_____
_____
_____
_____
_____
_____
_____

253일

To Do List

- ✔
- ☐
- ☐
- ☐
- ☐

- ☐
- ☐
- ☐
- ☐
- ☐

오늘의 질문

Q : 학창 시절로 '돌아간다면 원 없이 논다 vs 죽어라 공부한다'

A :

오늘의 미션

그동안 미안했던 사람에게 제대로 사과하기

긍정 확언 필사

내일 죽는 사람처럼 살고,
영원히 사는 사람처럼 배워라.

-마하트마 간디

오늘의 감사일기

254일

To Do List

- ✔
- ☐
- ☐
- ☐
- ☐

- ☐
- ☐
- ☐
- ☐
- ☐

오늘의 질문

Q : 친구에게 들었던 말 중 가장 비수 꽂혔던 말 있어?

A :

오늘의 미션

SNS 팔로워 정리하기

긍정 확언 필사

마음을 위대한 일로 이끄는 것은
오로지 열정,
위대한 열정뿐이다.

-드니 디드로

오늘의 감사일기

_____
_____
_____
_____
_____
_____
_____
_____

255일

To Do List

- [x]
- [ ]   [ ]
- [ ]   [ ]
- [ ]   [ ]
- [ ]   [ ]
                               [ ]

오늘의 질문

Q : 내가 가장 좋아하는 MBTI 유형은?

A :

오늘의 미션

일어나서 공복 12시간 유지하기

긍정 확언 필사

자유로운 사람이란,
죽음보다 인생에 대해서
더 많은 것을 생각하는 사람이다.

-스피노자

오늘의 감사일기

256일

To Do List

☑

오늘의 질문

Q : 갖고 있는 트라우마 있어?

A :

오늘의 미션

새치 염색하기(새치가 없다면 좋아하는 컬러로 머리색 바꿔보기)

긍정 확언 필사

인간의 입은 하나가 있고
귀는 두 개가 있다. 이는 말하는 것보다
듣기를 두 배로 하라는 뜻이다.

-탈무드

오늘의 감사일기

_____

_____

_____

_____

_____

_____

_____

_____

257일

To Do List

- ✔
- ☐   ☐
- ☐   ☐
- ☐   ☐
- ☐   ☐
- ☐   ☐

오늘의 질문

Q : 도둑질해본 적 있어?

A :

오늘의 미션

'나'를 주제로 짤막한 대본 써보기(내용은 픽션이든 논픽션이든 상관없어!)

긍정 확언 필사

그대의 일을 직접 이끌어라.
그렇지 않으면
일이 그대를 이끌 것이다.

-벤자민 프랭클린

오늘의 감사일기

258일

To Do List

- ✔
- ☐
- ☐
- ☐
- ☐

- ☐
- ☐
- ☐
- ☐
- ☐

오늘의 질문

Q : 잠자리 들기 전에 무슨 생각 해?

A :

오늘의 미션

3년 후의 나에게 편지 써보기

긍정 확언 필사

내 비장의 무기는
아직 손안에 있다.
그것은 희망이다.

-나폴레옹

오늘의 감사일기

_____

_____

_____

_____

_____

_____

_____

_____

259일

To Do List

☑

☐ ☐

☐ ☐

☐ ☐

☐ ☐

☐

오늘의 질문

Q : 요즘 행복해?

A :

오늘의 미션

다니던 고등학교 인터넷에 검색해 보기

긍정 확언 필사

운이라는 것은
기회가 준비와
만난 순간이다.

-안철수

오늘의 감사일기

_____

_____

_____

_____

_____

_____

_____

260일

To Do List

☑

□　　　　　　　　　□

□　　　　　　　　　□

□　　　　　　　　　□

□　　　　　　　　　□

□　　　　　　　　　□

오늘의 질문

Q : 가장 좋아하는 예쁜 단어가 있다면?

A :

오늘의 미션

등산하기(작은 산이나 산책로라도 올라보기!)

긍정 확언 필사

세상엔 착한 사람과 악한 사람이
따로 있진 않을 것이다.
경우에 따라 착한 사람이 되고
경우에 따라 악한 사람이 될 뿐이다.

-앙리 드 레니어

오늘의 감사일기

261일

To Do List

- [x]
- [ ]
- [ ]
- [ ]
- [ ]

- [ ]
- [ ]
- [ ]
- [ ]
- [ ]

오늘의 질문

Q : 버디버디나 싸이월드 혹시 알고 있어? 해본 적 있다면 아이디가 뭐였어?

A :

오늘의 미션

콤플렉스 적어보기

긍정 확언 필사

나쁜 습관은 고치는 것보다
예방하는 것이 더 쉽다.

-벤자민 플랭클린

오늘의 감사일기

262일

To Do List

✔

□   □

□   □

□   □

□   □

□   □

오늘의 질문

Q : 동물원에 갔을 때 가장 좋아했던 동물은?

A :

오늘의 미션

어제 적은 콤플렉스를 다시 한번 적고, 왜 싫은지 이유 적어보기

긍정 확언 필사

우리 모두는 인생에서
만회할 기회라 할 수 있는
큰 변화를 경험한다.

-해리슨 포드

오늘의 감사일기

263일

To Do List

☑   ☐

☐   ☐

☐   ☐

☐   ☐

☐   ☐

오늘의 질문

Q : 늦은 밤 누군가 쫓아오는 느낌이 든다면?

A :

오늘의 미션

어제 적었던 콤플렉스에게 사랑한다고 말해보기

긍정 확언 필사

특별한 삶은

가장 중요한 분야에서

매일 지속적으로 발전하는 삶이다.

-로빈 샤르마

오늘의 감사일기

To Do List

✔

오늘의 질문

Q : 직장동료랑 다퉈본 적 있어?

A :

오늘의 미션

옛날에 좋아했던 노래 한 곡 듣기

긍정 확언 필사

타인의 삶과 비교하지 마라.
해와 달은 서로를 비교하는 법이 없다.
그들은 단지 각자의 시간대에서
빛나고 있을 뿐이다.

-불교 명언

오늘의 감사일기

_____
_____
_____
_____
_____
_____
_____
_____

265일

To Do List

✔

오늘의 질문

Q : 부모님 지갑에서 돈 슬쩍해본 적 있어?

A :

오늘의 미션

머리 가르마 바꿔보기

긍정 확언 필사

불가능한 것을 손에 넣으려면
불가능한 것을 시도해야 한다.

- 세르반테스

오늘의 감사일기

266일

To Do List

✓

☐   ☐

☐   ☐

☐   ☐

☐   ☐

☐   ☐

오늘의 질문

Q : 마지막으로 운동 언제 했어?

A :

오늘의 미션

여행 계획 짜보기

긍정 확언 필사

뒤로 갈수록 편안하고

빛나야 하는 것이 인생이다.

-공병호

오늘의 감사일기

_____

_____

_____

_____

_____

_____

_____

_____

267일

To Do List

✔

오늘의 질문

Q : 오늘의 미션 잘 지키고 있어?

A :

오늘의 미션

예전 휴대폰 켜보기

긍정 확언 필사

편견은 내가 다른 사람을
사랑하지 못하게 하고
오만은 다른 사람이
나를 사랑하지 못하게 한다.

- 제인 오스틴

오늘의 감사일기

_____

_____

_____

_____

_____

_____

_____

_____

To Do List

- [x]
- [ ]
- [ ]
- [ ]
- [ ]

- [ ]
- [ ]
- [ ]
- [ ]

오늘의 질문

Q : 산 정상에 올라가 외치고 싶은 말은?

A :

오늘의 미션

나만을 위한 꽃 한 송이 사기

긍정 확언 필사

가장 빛나는 별은
아직 발견되지 않은 별이고,
당신 인생의 최고의 날은
아직 살지 않은 날이다.

-파블로

오늘의 감사일기

_____

_____

_____

_____

_____

_____

_____

269일

To Do List

✔ ☐   ☐

☐   ☐

☐   ☐

☐   ☐

☐   ☐

오늘의 질문

Q : 아무에게도 알려주기 싫은 맛집이 있다면?

A :

오늘의 미션

생활용품 리폼 해보기(작은 거라도 좋아!)

긍정 확언 필사

행복한가?

그렇지 못한가?

결국 우리들 자신에게 달려있다.

-아리스토텔레스

오늘의 감사일기

270일

To Do List

- ✓
- ☐
- ☐
- ☐
- ☐

- ☐
- ☐
- ☐
- ☐
- ☐

오늘의 질문

Q : 이 다이어리를 마지막까지 채워 쓰는 날 기분이 어떨까?

A :

오늘의 미션

다 쓴 건전지 모아 폐건전지 함에 넣기

긍정 확언 필사

모두가 오래 살고 싶어 하지만
아무도 늙고 싶어 하지는 않는다.

-벤자민 프랭클린

오늘의 감사일기

_____

_____

_____

_____

_____

_____

_____

_____

_____

271일

To Do List

- ✔
- ☐
- ☐
- ☐
- ☐

- ☐
- ☐
- ☐
- ☐
- ☐

오늘의 질문

Q : 돌아가고 싶은 연도가 있다면?

A :

오늘의 미션

인터넷 즐겨찾기 정리하기

긍정 확언 필사

꿈을 지니고 있으면
반드시 실현할 기회가 온다.

-괴테

오늘의 감사일기

_____

_____

_____

_____

_____

_____

_____

_____

272일

To Do List

✓ ☐

☐ ☐

☐ ☐

☐ ☐

☐ ☐

오늘의 질문

Q : 축구 vs 야구 중 뭐가 더 좋아?

A :

오늘의 미션

하루 동안 채식해 보기

긍정 확언 필사

생생하게 상상하라, 간절하게 소망하라,

진정으로 믿어라. 그리고 열정적으로

실천하라. 그러면 무엇이든지

반드시 이루어질 것이다.

-폴 마이어

오늘의 감사일기

273일

To Do List

- [x]
- [ ]
- [ ]
- [ ]
- [ ]

- [ ]
- [ ]
- [ ]
- [ ]
- [ ]

오늘의 질문

Q : 바다를 보고 있으면 무슨 기분이 들어?

A :

오늘의 미션

예쁜 운동복 구입하기

긍정 확언 필사

생명이 있는 한 희망이 있다.
실망을 친구로 삼을 것인가, 아니면
희망을 친구로 삼을 것인가.

-J. 위트

오늘의 감사일기

_____

_____

_____

_____

_____

_____

_____

_____

_____

___열

내가 좋아하는 여름이 끝나가고 제법 선선해진 가을 날씨.

아침에 일어나면 집안 공기는 썰렁하고 몸은 괜히 으슬으슬 거린다.

규칙적으로 하는 루틴이 몇 가지가 있는데

항상 이맘때 추가되는 루틴이 한 가지 더 있다

바로 '따뜻한 차 마시기'

아침에 일어나서 포트에 물을 올리고 따뜻한 티를 마시면서 몸의 긴장을 풀어준다.

처음에는 이 습관을 들이기 어려웠다.

평소에 물을 많이 마시는 편이라 찬물 마시는 건 크게 어렵지 않았는데

따뜻한 차를 마시는 건 개운한 느낌도 들지 않고 물이 맛있게 느껴지지도 않아 힘들었다.

나는 한 겨울에도 아이스 아메리카노를 외치는 '얼죽아'다.

그전에는 겨울마다 훌쩍거리며 감기를 달고 살았는데

미지근한 물과 따뜻한 차를 마시는 습관을 만든 후부터는 컨디션이 늘 좋다.

기관지도 덜 건조해지고 몸의 체온도 항상 일정하게 유지된다.

계속해서 습관처럼 마시다 보니 따뜻한 맹물을 마셔도 이제는 맛있게 느껴지고 편안해진다.

아침마다 따뜻한 차를 마시며 시작하는 루틴 한 가지를 추가했을 뿐인데

아침이 더 활기차지면서 하루의 시작이 매우 좋아졌다.

사람들은 보통 습관을 들이기 전에 참고 노력하는 단계는 건너뛴다.

그러고는 한 번에 너무 많은 것을 바란다.

그러다 결국 포기하고 좌절하면서 스스로 의지가 부족하다며 자책을 한다.

그래서 나는 매일 말한다.

의지를 믿지 말고 습관을 기르라고!

습관이 주는 행복을 아직 모르기 때문에 실패하는 것이다.

습관을 만들면 행복하다.

결국, 행복도 곧 습관일 뿐이다.

이번 달 버킷 리스트

이번 달에 이루고 싶은 버킷 리스트 한 가지를 적고, 이루기 위해 필요한 방법들을 가지치기로 정리해 보세요.

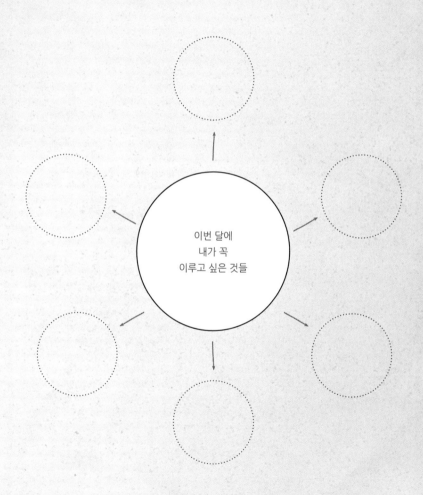

이번 달에
내가 꼭
이루고 싶은 것들

274일

To Do List

✔   ☐

☐   ☐

☐   ☐

☐   ☐

☐   ☐

오늘의 질문

Q : 나에게 카톡 메시지를 가장 많이 보내는 사람은?

A :

오늘의 미션

태극기 사기

긍정 확언 필사

남들보다 잘하려고 고민하지 마라.

지금의 나보다 잘하려고

애쓰는 게 더 중요하다.

-윌리엄 포크너

오늘의 감사일기

_____

_____

_____

_____

_____

_____

_____

_____

275일

To Do List

- [x]
- [ ]
- [ ]
- [ ]
- [ ]

- [ ]
- [ ]
- [ ]
- [ ]
- [ ]

오늘의 질문

Q : 너의 영웅은 누구야?

A :

오늘의 미션

투명 인간이 되면 하고 싶은 것 5가지 적어보기

긍정 확언 필사

칭찬하라.
좋은 말을 남에게 베푸는 것은
베나 비단 옷을 입히는 것보다 따뜻하다.

-순자

오늘의 감사일기

_____

_____

_____

_____

_____

_____

_____

_____

276일

To Do List

☑

☐ ☐

☐ ☐

☐ ☐

☐ ☐

☐ ☐

오늘의 질문

Q : 더위나 추위를 이겨내는 나만의 비법은?

A :

오늘의 미션

기분이 좋아질 정도로 귀여운 양말 7켤레 쇼핑하기

긍정 확언 필사

인정하라.
너도 옳고, 다른 너도 옳고,
또 다른 너도 옳다.

—삼가재상 황희

오늘의 감사일기

_____

_____

_____

_____

_____

_____

_____

_____

277일

To Do List

- [x]
- [ ]
- [ ]
- [ ]
- [ ]

- [ ]
- [ ]
- [ ]
- [ ]
- [ ]

오늘의 질문

Q : 넘어져서 다쳐본 적 있어?

A :

오늘의 미션

산책하면서 예쁜 돌 찾아보기

긍정 확언 필사

경청하라.
내 귀가
나를 가르쳤다.

- 칭기즈칸

오늘의 감사일기

_____

_____

_____

_____

_____

_____

_____

_____

278일

To Do List

☑

☐ ☐

☐ ☐

☐ ☐

☐ ☐

☐ ☐

오늘의 질문

Q : '답정녀'를 퇴치하는 너만의 방법은?

A :

오늘의 미션

오늘 하루는 시계를 보지 않기(부득이하게 봐야 한다면 이번 주 안에 하루 정해서 하기!)

긍정 확언 필사

시간은 네가 가진 유일한 동전이고, 그 동전을
어디에 쓸지는 너만이 결정할 수 있다.
너 대신 타인이 그 동전을
써버리지 않도록 주의해라.

-칼 샌드버그

오늘의 감사일기

_____

_____

_____

_____

_____

_____

_____

_____

To Do List

- ☑
- ☐
- ☐
- ☐
- ☐
- ☐
- ☐
- ☐
- ☐
- ☐

오늘의 질문

Q : 잠을 가장 오랫동안 자지 않았을 때는?

A :

오늘의 미션

내 머리가 좋은 것처럼 느껴지는 이유 5가지 적어보기

긍정 확언 필사

그들이 당신을 뭐라고 부르는지는
중요하지 않다. 문제는 당신이
그들에게 뭐라고 대답하는가이다.

-W. C. 필즈

오늘의 감사일기

_____
_____
_____
_____
_____
_____
_____
_____

280일

To Do List

- [x]
- [ ]
- [ ]
- [ ]
- [ ]
- [ ]
- [ ]
- [ ]
- [ ]
- [ ]

오늘의 질문

Q : 오늘따라 유독 보고 싶은 사람이 있다면?

A :

오늘의 미션

예쁜 손수건 장만하기

긍정 확언 필사

그대의 하루하루를
그대의 마지막 날이라고
생각하라.

-호라티우스

오늘의 감사일기

_____

_____

_____

_____

_____

_____

_____

_____

_____

281일

To Do List

☑
☐

☐
☐

☐
☐

☐
☐

☐
☐

오늘의 질문

Q : 인싸 vs 아싸 중 어떤 걸 택할래?

A :

오늘의 미션

부모님 안마해 드리기

긍정 확언 필사

자신을 내보여라.
그러면 재능이
드러날 것이다.

-발타사르 그라시안

오늘의 감사일기

_____
_____
_____
_____
_____
_____
_____
_____

282일

To Do List

✔

오늘의 질문

Q : 내가 생각해도 '난 참 매력 있다' 하는 부분이 있다면?

A :

오늘의 미션

선인장 기르기

긍정 확언 필사

많은 사람이
재능의 부족보다
결심의 부족으로 실패한다.

-빌리 선데이

오늘의 감사일기

_____

_____

_____

_____

_____

_____

_____

_____

_____

283일

To Do List

✔	☐
☐	☐
☐	☐
☐	☐
☐	☐

오늘의 질문

Q : 식당에서 음식 먹다가 이물질 나온 적 있어?

A :

오늘의 미션

평소 어느 쪽 치아로 씹는지 생각해 보고 오늘은 반대쪽 치아로만 씹기

긍정 확언 필사

인생을 다시 산다면
다음번에는 더 많은
실수를 저지르리라.

- 나딘 스테어

오늘의 감사일기

_____

_____

_____

_____

_____

_____

_____

_____

284일

To Do List

☑

□   □

□   □

□   □

□   □

오늘의 질문

Q : 가장 닮고 싶은 연예인이 있다면?

A :

오늘의 미션

우리 동네에 길고양이 급식소가 어디 있는지 찾아보기

긍정 확언 필사

비참해져라. 혹은
스스로에게 동기를 부여하라.
뭘 해야 하든 그건
언제나 당신의 선택이다.

-웨인 다이어

오늘의 감사일기

285일

To Do List

☑   ☐

☐   ☐

☐   ☐

☐   ☐

☐   ☐

오늘의 질문

Q : 더 좋은 집으로 이사 간다면 하고 싶은 인테리어는?

A :

오늘의 미션

좋아하는 팝송 들으면서 달달한 음료 마시기

긍정 확언 필사

> 당신이 살면서 어떤 부침을 겪든 간에
> 생각이 당신의 기본 자산이 되어야 한다.

-A. P. J. 압둘 칼람

오늘의 감사일기

_____

_____

_____

_____

_____

_____

_____

_____

286일

To Do List

☑

☐ ☐

☐ ☐

☐ ☐

☐ ☐

오늘의 질문

Q : 불친절한 직원에게 항의할 수 있어?

A :

오늘의 미션

10분 이상 하늘 보기

긍정 확언 필사

당신이 자신의 시간을 가치 있게
생각하지 않으면 남들도 마찬가지일 것이다.
시간과 재능을 함부로 나눠주지 말고 팔아라.

-킴 가스트

오늘의 감사일기

_____

_____

_____

_____

_____

_____

_____

_____

_____

287일

To Do List

☑ ☐

☐ ☐

☐ ☐

☐ ☐

☐ ☐

오늘의 질문

Q : 다시 태어난다면 바라는 형제 관계는?

A :

오늘의 미션

나만의 스트레스 해소 방법 10가지 적고 우선순위 매겨보기

긍정 확언 필사

눈물과 함께 빵을 먹어보지 않은 자는
인생의 참다운 맛을 모른다.

-괴테

오늘의 감사일기

_____

_____

_____

_____

_____

_____

_____

_____

288일

To Do List

- ✔
- ☐
- ☐
- ☐
- ☐

- ☐
- ☐
- ☐
- ☐
- ☐

오늘의 질문

Q : 먹고 체했던 음식이 있다면?

A :

오늘의 미션

길에서 쓰레기 주워보기

긍정 확언 필사

여러분과 리무진을 타고 싶어 하는 사람은
많겠지만, 정작 여러분이 원하는 사람은
리무진이 고장 났을 때
같이 버스를 타줄 사람입니다.

-오프라 윈프리

오늘의 감사일기

289일

To Do List

✔ ☐ ☐

☐ ☐ ☐

☐ ☐ ☐

☐ ☐ ☐

☐ ☐ ☐

오늘의 질문

Q : 수술한 곳이 있다면 어디야?

A :

오늘의 미션

환경을 위해 나만의 천연 제품 만들어보기(샴푸나 세제 모두 좋아!)

긍정 확언 필사

무력은 모든 것을 정복하지만,

그 승리는 오래가지 못한다.

-에이브러햄 링컨

오늘의 감사일기

_____

_____

_____

_____

_____

_____

_____

To Do List

☑

☐   ☐

☐   ☐

☐   ☐

☐   ☐

☐   ☐

오늘의 질문

Q : 수능 점수 몇 점이었어?

A :

오늘의 미션

플라스틱 없이 장보기

긍정 확언 필사

걱정거리를 두고 웃는 법을
배우지 못하면 나이가 들었을 때
웃을 일이 전혀 없을 것이다.

-에드가 왓슨 하우

오늘의 감사일기

_____

_____

_____

_____

_____

_____

_____

_____

291일

To Do List

- [x]
- [ ]
- [ ]
- [ ]
- [ ]

- [ ]
- [ ]
- [ ]
- [ ]
- [ ]

오늘의 질문

Q : 모기한테 물렸을 때 가장 기분 나쁜 곳은?

A :

오늘의 미션

짝 잃은 양말 짝 맞추기

긍정 확언 필사

과거는 지식의 원천이며,
미래는 희망의 원천이다.
과거에 대한 사랑에는
미래에 대한 믿음이 담겨있다.

-스티븐 앰브로즈

오늘의 감사일기

292일

To Do List

- [x]
- [ ]   [ ]
- [ ]   [ ]
- [ ]   [ ]
- [ ]   [ ]
- [ ]

오늘의 질문

Q : 전생이 있다고 믿어? 전생의 인연이 정말 있을까?

A :

오늘의 미션

자기 전에 강연 영상 듣기

긍정 확언 필사

기대하지 않는 자는
실망하지도 않는다.

-올거트

오늘의 감사일기

_____

_____

_____

_____

_____

_____

_____

_____

293일

To Do List

☑ ☐

☐ ☐

☐ ☐

☐ ☐

☐ ☐

오늘의 질문

Q : 너를 변화시켜주는 사람이 있어?

A :

오늘의 미션

두 시간 동안 빈둥거리기

긍정 확언 필사

꿈은 이루어진다.
이루어질 가능성이 없었다면 애초에
자연이 우리를 꿈꾸게 하지도 않았을 것이다.

-존 업다이크

오늘의 감사일기

_____

_____

_____

_____

_____

_____

_____

_____

294일

To Do List

☑

☐ ☐

☐ ☐

☐ ☐

☐ ☐

☐ ☐

오늘의 질문

Q : 뷔페 가면 어떤 음식을 가장 먼저 찾아?

A :

오늘의 미션

한 시간에 한 번씩 크게 숨 쉬어보기

긍정 확언 필사

나는 나를 웃게 하는 사람들을 사랑한다.
솔직히 내가 가장 좋아하는 것은 웃는 것이다.
웃음은 수많은 질병들을 치료해 준다.
웃음은 아마도 사람에게
가장 중요한 것이리라.

-오드리 햅번

오늘의 감사일기

_____

_____

_____

_____

_____

_____

_____

_____

295일

To Do List

☑

오늘의 질문

Q : 정말 꼴도 보기 싫은 사람이 있다면?

A :

오늘의 미션

크게 소리 내어 웃어보기

긍정 확언 필사

나로 말할 것 같으면 긍정주의자인데,

다른 주의자가 돼 봤자

별 쓸모가 없는 것 같아서다.

-윈스턴 처칠

오늘의 감사일기

_____

_____

_____

_____

_____

_____

_____

_____

296일

To Do List

☑

☐   ☐

☐   ☐

☐   ☐

☐   ☐

☐   ☐

오늘의 질문

Q : 지진이 난다면 어떤 행동을 취할 거야?

A :

오늘의 미션

소리 내어 울어보기

긍정 확언 필사

낙관론자는 우리가 최고의 세상에서
살고 있다고 주장하고, 비관론자는
그 말이 사실일지도 모른다고 걱정한다.

-제임스 브랜치 캐벌

오늘의 감사일기

_____

_____

_____

_____

_____

_____

_____

_____

297일

To Do List

☑

☐ ☐

☐ ☐

☐ ☐

☐ ☐

☐

오늘의 질문

Q : 콘서트 가본 적 있어?

A :

오늘의 미션

길에서 쓰레기 줍기(비닐봉지 1개 분량 채워보기)

긍정 확언 필사

낮에 꿈꾸는 사람은
밤에만 꿈꾸는 사람에게는
찾아오지 않는 많은 것을 알고 있다.

-에드거 앨런 포

오늘의 감사일기

298일

To Do List

- [x]
- [ ]
- [ ]
- [ ]
- [ ]

- [ ]
- [ ]
- [ ]
- [ ]
- [ ]

오늘의 질문

Q : 나만의 징크스가 있다면?

A :

오늘의 미션

나만의 채소 기르기

긍정 확언 필사

당신이 꿈을 찾아 모험한다면
문이 있으리라고 전혀 예상하지
못했던 곳에서 문이 열릴 것이다.

-조셉 캠벨

오늘의 감사일기

_____

_____

_____

_____

_____

_____

_____

_____

299일

To Do List

☑

☐　　　　　　☐

☐　　　　　　☐

☐　　　　　　☐

☐　　　　　　☐

☐　　　　　　☐

오늘의 질문

Q : 친구들과 떠나고 싶은 여행지는?

A :

오늘의 미션

옷장 정리하기

긍정 확언 필사

두려움은 희망 없이 있을 수 없고,

희망은 두려움 없이 있을 수 없다.

-바뤼흐 스피노자

오늘의 감사일기

_____

_____

_____

_____

_____

_____

_____

_____

300일

To Do List

✔ ☐

☐ ☐

☐ ☐

☐ ☐

☐ ☐

오늘의 질문

Q : 네가 아프다고 하면 가장 걱정해 줄 사람이 누구야?

A :

오늘의 미션

5시간 동안 스마트폰 전원 꺼두기

긍정 확언 필사

미래를 창조하기에 꿈만큼 좋은 것은 없다.
오늘의 유토피아가
내일의 현실이 될 수 있다.

-빅토르 위고

오늘의 감사일기

_____

_____

_____

_____

_____

_____

_____

_____

301일

To Do List

☑

오늘의 질문

Q : 내일 먹고 싶은 음식은?

A :

오늘의 미션

친구나 가족과 함께 사진 찍어보기

긍정 확언 필사

비록 내일 세계의 종말이 온다 할지라도,
나는 오늘 한 그루의 사과나무를 심겠다.

-바뤼흐 스피노자

오늘의 감사일기

_____

_____

_____

_____

_____

_____

_____

_____

_____

302일

To Do List

☑

☐   ☐

☐   ☐

☐   ☐

☐   ☐

☐   ☐

오늘의 질문

Q : 샤워 후 수건으로 몸을 닦을 때 순서는?

A :

오늘의 미션

베란다 정리하기

긍정 확언 필사

혁신이 리더와 다른 사람과의

차이를 만들어 낸다.

-스티브 잡스

오늘의 감사일기

_____

_____

_____

_____

_____

_____

_____

_____

303일

To Do List

✔ ☐ ☐
☐ ☐
☐ ☐
☐ ☐
☐ ☐

오늘의 질문

Q : 소속되어 있는 크루가 있어?

A :

오늘의 미션

5살 때의 나에게 편지 써보기

긍정 확언 필사

나는 때때로 낮보다도
밤이 더 살아있고 더 풍부하게
채색되어 있음을 깨닫는다.

-빈센트 반 고흐

오늘의 감사일기

_____

_____

_____

_____

_____

_____

_____

_____

304일

To Do List

- [x]
- [ ]   [ ]
- [ ]   [ ]
- [ ]   [ ]
- [ ]   [ ]
         [ ]

오늘의 질문

Q : 최근에 들은 가장 충격적인 소식은?

A :

오늘의 미션

어렸을 때 자주 가던 동네에 가보기

긍정 확언 필사

행복하게 지내는 사람의 비결은 대개 노력이다.

게으름뱅이가 행복하게 지내는 것을 보았는가.

수확의 기쁨은 흘린 땀에 비례한다.

-윌리엄 블레이크

오늘의 감사일기

_____

_____

_____

_____

_____

_____

_____

_____

_____월

20대 때부터 해온 나만의 연례행사가 하나 있다.

바로 '증명사진으로 현재의 내 모습 남기기'.

그날의 감정은 일기장이나 SNS에 기록하며 담을 수 있다.

순간의 추억도 셀카로 남길 수 있다.

그러나 증명사진은 찍으러 가는 과정부터가 조금 더 특별하다.

1년에 한 번

나에게 하는 가장 아름다운 투자다.

먼저 마음에 드는 사진관과 메이크업 숍을 물색해 예약한다.

당일이 되면 나만의 공주놀이가 시작된다.

평소에 받지 않던 정교한 메이크업을 받고 머리를 예쁘게 세팅한 채 사진관으로 향한다.

그러고는 하고 싶었던 포즈와 표정을 지으면서 즐거운 하루를 보낸다.

그렇게 20대 때부터 모아온 사진과 오늘 찍은 사진을 나열해 보고 있으면

'이때는 이랬네.' 하는 마음으로 나의 변화를 느낄 수 있다.

그날의 상황, 풍경, 감정들이 떠올라 추억의 향기까지 느껴진다.

나는 이 아름다운 투자를 할머니가 될 때까지 할 생각이다.

어릴 때는 연말이 다가올 때마다 지난 1년을 돌아보며 아쉬워하기 바빴다.

1년 동안 한 게 없다고 느껴졌으니까.

하지만 지금은 하루하루가 지날수록 내일이 더 기대된다.

어릴 땐 느끼지 못하고 보지 못했던 것들이 더해가는 나이와 함께 자연스레 보이고

이제 내일이 되면 오늘보다 더 성장한 내가 되어 있을 거란 믿음이 생기기 때문이다.

내가 다 안다고 믿었던 이 세상도

앞으로 재밌는 게 얼마나 더 많을까 기대가 되는 세상이 됐다.

내일을 기대하고 꿈꾸면서 현재의 나를 기록하는 것.

일 년에 한 번 있는 이 아름다운 투자는

먼 훗날 지금을 돌아봤을 때

가장 잘했다고 생각이 되는 퍼포먼스이지 않을까 싶다.

이번 달 버킷 리스트

이번 달에 이루고 싶은 버킷 리스트 한 가지를 적고, 이루기 위해 필요한 방법들을 가지치기로 정리해 보세요.

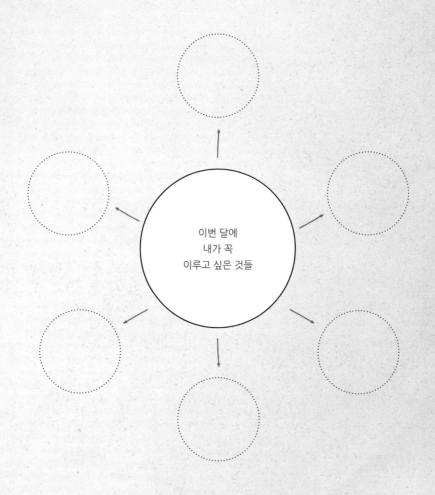

이번 달에
내가 꼭
이루고 싶은 것들

To Do List

- [x]
- [ ] | [ ]
- [ ] | [ ]
- [ ] | [ ]
- [ ] | [ ]

오늘의 질문

Q : 이에 고춧가루가 낀 상대방에게 말을 해준다면?

A :

오늘의 미션

자기 전에 뜨거운 수건으로 눈 찜질해 주기

긍정 확언 필사

질병은 느낄 수 있지만
건강은 전혀 느껴지지지 않는다.

-토마스 풀러

오늘의 감사일기

_____

_____

_____

_____

_____

_____

_____

_____

306일

To Do List

☑

☐　　　　　　　　　☐
☐　　　　　　　　　☐
☐　　　　　　　　　☐
☐　　　　　　　　　☐
☐　　　　　　　　　☐

오늘의 질문

Q : 매일 눈 오는 날씨 vs 매일 비 오는 날씨 중 너의 선택은?

A :

오늘의 미션

나만의 '참 잘했어요' 노트 만들기

긍정 확언 필사

가장 만족스러웠던 날을 생각해 보라.
그날은 아무것도 하지 않고 편히 쉬기만 한
날이 아니라 할 일이 태산이었는데도
결국은 그것을 모두 해낸 날이다.

-마거릿 대처

오늘의 감사일기

_____

_____

_____

_____

_____

_____

_____

_____

_____

307일

To Do List

☑ □

□ □

□ □

□ □

□ □

오늘의 질문

Q : 마지막으로 편지를 쓴 적은 언제야?

A :

오늘의 미션

30분 동안 요가해 보기

긍정 확언 필사

당신이 매일 아침 일어날 때마다
살아있다는 것이 얼마나 큰 행운인지 생각하고,
소중한 인생을 살고 있다는 것을 기억하며,
그 소중한 삶을 낭비하지 않으리라 다짐하라.

-달라이 라마

오늘의 감사일기

_____

_____

_____

_____

_____

_____

_____

_____

308일

To Do List

☑

☐

☐

☐

☐

☐

☐

☐

☐

☐

오늘의 질문

Q : 네 자랑 한번 해봐.

A :

오늘의 미션

집의 모든 창문을 열어 환기시키기

긍정 확언 필사

사람이 멀리 생각하지 못하면
큰일을 이루기 어렵다.

-안중근

오늘의 감사일기

_____

_____

_____

_____

_____

_____

_____

_____

_____

309일

To Do List

✔

오늘의 질문

Q : 크리스마스에 하고 싶은 것은?

A :

오늘의 미션

나만의 탄생석 알아보기

긍정 확언 필사

계획이란 미래에 관한
현재의 결정이다.

-피터 드러커

오늘의 감사일기

310일

To Do List

☑

☐　　　　　　☐

☐　　　　　　☐

☐　　　　　　☐

☐　　　　　　☐

☐

오늘의 질문

Q : 춤을 배운다면 배우고 싶은 장르는?

A :

오늘의 미션

나에게 잘 맞는 영어 이름 지어보기

긍정 확언 필사

강에 손을 담그면, 손에 닿은 물은
닿자마자 지나가버린다.
그렇게 현재의 시간도 흘러간다.

-레오나르도 다빈치

오늘의 감사일기

To Do List

☑ ☐

☐ ☐

☐ ☐

☐ ☐

☐ ☐

오늘의 질문

Q : 얼굴 vs 몸매 중 하나만 가질 수 있다면 뭐를 택할래?

A :

오늘의 미션

나의 웃는 모습, 우는 모습, 찡그린 모습 등 다양한 표정으로 셀카 찍어보기

긍정 확언 필사

겨울이 잠이고 봄이 탄생이며
여름이 삶이라면 가을은 숙고의 시간이 된다.
한해 중 잎이 떨어지고, 수확이 끝나며,
사철 식물이 지는 때다. 대지는 이듬해까지
장막을 친다. 이제 지난 일을 반추할 때다.

-미첼 버지스

오늘의 감사일기

_____

_____

_____

_____

_____

_____

_____

_____

312일

To Do List

✔

오늘의 질문

Q : 잠에서 깼는데 1시간은 더 잘 수 있어. 어떻게 할 거야?

A :

오늘의 미션

남에게 하고 싶지 않은 말들 적어보기

긍정 확언 필사

결코 두 번째 화살을 갖지 마라.

두 번째 화살이 있다고 생각하면

첫 번째 화살을 아무렇게나 써버리게 된다.

-요시다 겐코

오늘의 감사일기

_____

_____

_____

_____

_____

_____

_____

313일

To Do List

✔

오늘의 질문

Q : 네가 가장 예쁘고 멋졌던 시기가 있다면?

A :

오늘의 미션

사람들에게 듣고 싶은 말 적어보기

긍정 확언 필사

곧은 것은 한결같이 속인다.
진리는 하나같이 굽어 있으며,
시간 자체도 둥근 고리다.

-프리드리히 니체

오늘의 감사일기

_____
_____
_____
_____
_____
_____
_____
_____

314일

To Do List

✔

☐　　　　　　　　　　☐

☐　　　　　　　　　　☐

☐　　　　　　　　　　☐

☐　　　　　　　　　　☐

☐　　　　　　　　　　☐

오늘의 질문

Q : 절대 빠뜨리지 않는 하루 일과는?

A :

오늘의 미션

자기 전에 달을 보며 소원 빌어보기

긍정 확언 필사

과거를 애절하게 들여다보지 마라,
다시 오지 않는다. 현재를 현명하게 개선하라,
너의 것이니. 어렴풋한 미래를 나아가 맞으라,
두려움 없이.

-헨리 워즈위스 롱펠로

오늘의 감사일기

_____

_____

_____

_____

_____

_____

_____

_____

315일

To Do List

- [x]
- [ ]
- [ ]
- [ ]
- [ ]
- [ ]
- [ ]
- [ ]
- [ ]
- [ ]

오늘의 질문

Q : 절대 버릴 수 없는 것은?

A :

오늘의 미션

자기 전에 좋아하는 음악을 들으며 명상하기

긍정 확언 필사

과거에서 교훈을 얻을 수는 있어도
과거 속에 살 수는 없다.

-린든 B. 존슨

오늘의 감사일기

_____

_____

_____

_____

_____

_____

_____

_____

316일

To Do List

- ✔
- ☐
- ☐
- ☐
- ☐
- ☐
- ☐
- ☐
- ☐
- ☐

오늘의 질문

Q : 살면서 가장 기억에 남는 생일은 언제야?

A :

오늘의 미션

과학 잡지 구입해 읽기

긍정 확언 필사

과거의 사건들은 크게
십중팔구 아예 일어나지 않았던 일과
중요하지 않은 일로 나눌 수 있다.

-윌리엄 랄프 인지

오늘의 감사일기

3/7일

To Do List

☑

□ □

□ □

□ □

□ □

□ □

오늘의 질문

Q : 다시 돌아가서 싸우고 싶은 순간이 있다면?

A :

오늘의 미션

우리 집에 있는 일회용품 리스트 적어보기

긍정 확언 필사

그대 마음이 언제나 지금 이 시간의 기쁨 속에
머물게 하라. 그러면 두려움이 사라질 것이다.
밤이 아무리 길고 어두울지라도
새벽이 오는 것을 막지는 못한다.

-'두그파 린포체(장폴 부르 저)' 중에서

오늘의 감사일기

318일

To Do List

✔ ☐ ☐ ☐

☐ ☐ ☐ ☐

☐ ☐

오늘의 질문

Q : 좋아하는 래퍼 있어?

A :

오늘의 미션

자전거 타기(따릉이라도 좋아!)

긍정 확언 필사

그대는 인생을 사랑하는가?
그렇다면 시간을 낭비하지 마라.
시간이야말로 인생을 형성하는 재료이다.

-벤자민 프랭클린

오늘의 감사일기

_____

_____

_____

_____

_____

_____

_____

_____

319일

To Do List

☑

□   □

□   □

□   □

□   □

□

오늘의 질문

Q : 연인이 화났을 때 풀어주는 나만의 방법은?

A :

오늘의 미션

나의 탄생화 알아보기

●월 ●일

긍정 확언 필사

이런 말이 있지, 어제는 역사고,
내일은 미스터리지만, 오늘은 선물이라고.
그래서 오늘인 현재를
프레즌트present(선물)라고 부르는 거야.

-'쿵푸 팬더' 중에서

오늘의 감사일기

_____
_____
_____
_____
_____
_____
_____
_____
_____

320일

To Do List

✔ ☐

☐ ☐

☐ ☐

☐ ☐

☐ ☐

오늘의 질문

Q : 꽃 선물해본 적 있어?

A :

오늘의 미션

잠자고 있는 멤버십 포인트 찾아보기

긍정 확언 필사

내가 헛되이 보낸 오늘이
어제 죽은 이에게는
그토록 바라던 내일이었다.

-소포클레스

오늘의 감사일기

_____

_____

_____

_____

_____

_____

_____

_____

_____

321일

To Do List

☑

☐   ☐

☐   ☐

☐   ☐

☐   ☐

오늘의 질문

Q : 너에게 밀당하는 애인 어때?

A :

오늘의 미션

친구에게 좋은 말과 응원해 주기

긍정 확언 필사

　　내일은 인생에서 가장 중요한 것이다.
　자정이 되면 내일은 매우 깨끗한 상태로
　우리에게 다가온다. 매우 완벽한 모습으로
　우리 곁으로 와 우리 손으로 들어온다. 내일은
　우리가 어제에서 뭔가를 배웠기를 희망한다.

－존 웨인

오늘의 감사일기

322일

To Do List

- ✔
- ☐
- ☐
- ☐
- ☐
- ☐
- ☐
- ☐
- ☐
- ☐

오늘의 질문

Q : 세상에서 제일 싫어하는 동물은?

A :

오늘의 미션

평소 듣지 않았던 종류의 음악 들어보기

긍정 확언 필사

당신이 일에 쏟아붓는 시간이
중요한 게 아니다. 중요한 것은
당신이 시간을 쏟아붓는 일 그 자체다.

-샘 유잉

오늘의 감사일기

323일

To Do List

- [x]
- [ ]
- [ ]
- [ ]
- [ ]

- [ ]
- [ ]
- [ ]
- [ ]
- [ ]

오늘의 질문

Q : 자주 하는 상상은?

A :

오늘의 미션

조깅해 보기(아침이든 저녁이든 상관없어!)

긍정 확언 필사

대부분의 사람들은 타인이 시간을
낭비하고 있는 사이에 앞으로 나아간다.
이것은 내가 오랜 세월
두 눈으로 보아온 것이다.

-헨리 포드

오늘의 감사일기

_____

_____

_____

_____

_____

_____

_____

_____

324일

To Do List

✔ □
□ □
□ □
□ □
□ □

오늘의 질문

Q : 집에 방이 하나 더 생긴다면 어떻게 활용하고 싶어?

A :

오늘의 미션

섬유 유연제 향 바꿔보기

긍정 확언 필사

매일 아침 하루 일과를 계획하고 그 계획을
실행하는 사람은 극도로 바쁜 미로 같은
삶 속에서 그를 안내할 한 올의 실을 지니고
있는 것이다. 그러나 계획이 서있지 않고
단순히 우발적으로 시간을 사용하게 된다면,
곧 무질서가 삶을 지배할 것이다.

-빅토르 위고

오늘의 감사일기

_____

_____

_____

_____

_____

_____

_____

_____

325일

To Do List

☑

□ □

□ □

□ □

□ □

□ □

오늘의 질문

Q : 인생 최대 몸무게는?

A :

오늘의 미션

봉사활동 계획 짜보기

긍정 확언 필사

무미건조한 단조로움에 할애할 시간은 없다.
일할 시간과 사랑할 시간을 빼고 나면
다른 것을 할 시간은 없다.

-코코 샤넬

오늘의 감사일기

_____

_____

_____

_____

_____

_____

_____

_____

To Do List

✓ ☐

☐ ☐

☐ ☐

☐ ☐

☐ ☐

오늘의 질문

Q : 전화 통화 vs 카톡 메시지 중 어떤 게 더 좋아?

A :

오늘의 미션

'미안해요'라는 말 대신 '고마워요'라고 해보기

긍정 확언 필사

어차피 잊힐 테니,
절망하지 말라는 거다.

-무라카미 하루키

오늘의 감사일기

_____

_____

_____

_____

_____

_____

_____

327일

To Do List

✔

오늘의 질문

Q : 지금 핸드폰 배경화면은 뭐야?

A :

오늘의 미션

가족이나 친구에게 책 선물하기

긍정 확언 필사

시간은 차갑게 식혀주고
명확하게 보여준다. 변하지 않은 채
몇 시간이고 지속되는 마음의 상태는 없다.

-마크 트웨인

오늘의 감사일기

_____

_____

_____

_____

_____

_____

_____

_____

328일

To Do List

☑

□ □

□ □

□ □

□ □

□ □

오늘의 질문

Q : 다음 주 로또 번호를 예측해 보자.

A :

오늘의 미션

컴퓨터 C 드라이브 정리하기

긍정 확언 필사

오늘 하루를 헛되이 보냈다면 그것은 커다란
손실이다. 하루를 유익하게 보낸 사람은
하루의 보물을 파낸 것이다.
하루를 헛되이 보냄은 내 몸을 헛되이
소모하고 있다는 것을 기억해야 한다.

-앙리 프레데릭 아미엘

오늘의 감사일기

_____

_____

_____

_____

_____

_____

_____

329일

To Do List

✔   ☐

☐   ☐

☐   ☐

☐   ☐

☐   ☐

오늘의 질문

Q : MBTI 유형을 바꾸고 싶다면 뭐로 바꾸고 싶어?

A :

오늘의 미션

스마트폰 갤러리 정리하기

긍정 확언 필사

오늘의 식사는
내일로 미루지 않으면서
오늘 할 일은
내일로 미루는 사람이 많다.

-카를 힐티

오늘의 감사일기

_____
_____
_____
_____
_____
_____
_____
_____

330일

To Do List

- [x]
- [ ]
- [ ]
- [ ]
- [ ]
- [ ]
- [ ]
- [ ]
- [ ]
- [ ]

오늘의 질문

Q : 머릿속에 맴도는 노래가 있다면?

A :

오늘의 미션

오늘 삼시 세끼 모두 요리해 먹기

긍정 확언 필사

경험은 소중한 스승이지만
바보는 경험해도 배우지 못한다.

-벤자민 프랭클린

오늘의 감사일기

_____

_____

_____

_____

_____

_____

_____

_____

331일

To Do List

☑

☐   ☐

☐   ☐

☐   ☐

☐   ☐

오늘의 질문

Q : 탕수육 먹을 때 부먹과 찍먹 중 어느 쪽이야?

A :

오늘의 미션

자기 전에 1시간 동안 스트레칭하기

긍정 확언 필사

공부할 시간이 없다고 하는 사람은
시간이 있어도 공부하지 못한다.

-'회남자' 중에서

오늘의 감사일기

_____

_____

_____

_____

_____

_____

_____

_____

332일

To Do List

☑

☐   ☐

☐   ☐

☐   ☐

☐   ☐

☐   ☐

오늘의 질문

Q : 지구 종말 1시간 전. 뭘 하고 싶어?

A :

오늘의 미션

소독 티슈나 전용 세정제로 스마트폰 소독하기

긍정 확언 필사

개선으로부터 몰락까지의 거리는
단 한 걸음에 지나지 않는다.
나는 사소한 일이
가장 큰일을 결정함을 보았다.

-나폴레옹 보나파르트

오늘의 감사일기

_____
_____
_____
_____
_____
_____
_____
_____

333일

To Do List

✓

오늘의 질문

Q : 매운 거 잘 먹어?

A :

오늘의 미션

책장 정리하기

긍정 확언 필사

기회가 눈앞에 나타났을 때, 이것은 붙잡는
사람은 십중팔구 성공한다. 뜻하지 않은
사고를 극복해서 자신의 힘으로 기회를
만들어내는 사람은 100퍼센트 성공한다.

-데일 카네기

오늘의 감사일기

_____

_____

_____

_____

_____

_____

_____

_____

334일

To Do List

✔ ☐

☐ ☐

☐ ☐

☐ ☐

☐ ☐

오늘의 질문

Q : 너보다 어린 선배와 잘 지낼 수 있어?

A :

오늘의 미션

텔레비전에서 광고하는 채널만 골라 보기

긍정 확언 필사

나는 항상 내가 할 수 없는 일들을 하려 해왔다.
내가 할 수 없는 일들을 해내는 방법을
순서대로 적절하게 배우면
그 일들을 이룰 수 있었다.
행동은 모든 성공의 기본 열쇠이다.

-파블로 피카소

오늘의 감사일기

_____

_____

_____

_____

_____

_____

_____

_____

_____

___월

연말이 되면 애주가는 늘 곤욕스러워진다. 이곳저곳 친구들 모임이나 송년회 모임 때문에
정말 피곤하다. 그렇다고 피하거나 가지 않을 생각은 없다.
오랫동안 자기관리를 하면서 터득한 나만의 방법이 있으니까!
다이어트나 건강에 큰 무리 없이 일상생활을 크게 해치지 않으면서
송년회 자리를 다닐 수 있는 비법은 바로 '계획'이다. 계획을 세워 스스로 의식하는지에서
결과가 달라진다. 연말이 되기 전부터 나는 이미 스스로와 약속을 했다.
- 송년회 자리를 가도 너무 과음하지 않도록 조절해 마시기
- 음주한 다음 날은 간을 해치는 운동하지 않기
- 약속이 없는 날은 가벼운 식사로 밸런스 맞추기
대부분의 연말 모임은 갑자기 충동적으로 잡히는 자리가 아니다.
그렇기 때문에 평소에는 열심히 운동하면서 가볍게 먹으며 관리해 주고,
약속이 있는 날에만 친구들과 즐거운 시간을 맘껏 보내면 되는 것이다.
단순한 계획에 맥이 풀리는가? 그렇지만 이게 정답이다. 그저 이 어려운 걸 해내면 된다.
속임수도 지름길도 없다. 이렇게 매월 계획을 세워 전략적으로 하지 않았더라면
난 무슨 일이었든 습관은커녕 마음먹은 대로도 할 수 없었을 것이다.
1년 동안의 월간 계획은 나를 더 나아가게 만들었고 계속 발전할 수 있도록 도와주었다.
사실 조금 흐트러진다고 해서 당장 큰일이 나는 건 아니다.
완벽하고 싶어서 노력하는 것도 아니다.
그저 나와의 약속을 깨는 게 싫을 뿐이다.
매일 내 안의 절제력을 키우며 나와 싸우는 것이다.
그 절제력이 성장해서 이내 나를 더 좋은 곳으로 안내해 줄 것이다.
훈련된 절제력은 아무리 눈앞의 목표가 막막해도
다음 목표로 나아갈 수 있는 힘과 여유를 만들어준다.
계속해서 성취하게 되는 성공의 법칙.
나와의 대화가 충분해지면 절제력이 올라간다.
아직도 자신을 사랑할 줄 모른다면 이제부터라도 '나'와 사랑에 빠져보자.
오늘부터 나 자신과 1일!

이번 달 버킷 리스트

이번 달에 이루고 싶은 버킷 리스트 한 가지를 적고, 이루기 위해 필요한 방법들을 가지치기로 정리해 보세요.

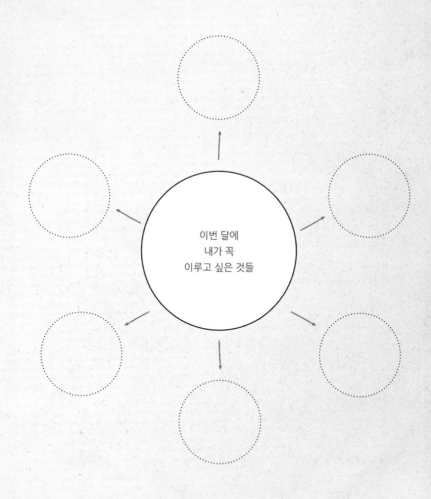

이번 달에
내가 꼭
이루고 싶은 것들

To Do List

☑

☐　　　　　　　☐

☐　　　　　　　☐

☐　　　　　　　☐

☐　　　　　　　☐

☐　　　　　　　☐

오늘의 질문

Q : 산타 할아버지에게 받고 싶은 선물은?

A :

오늘의 미션

나만의 동화책 써보기

긍정 확언 필사

누군가는 성공하고 누군가는 실수할 수 있다.
하지만 이런 차이에 너무 집착하지 마라.
타인과 함께, 타인을 통해서 협력할 때에야
비로소 위대한 것이 탄생한다.

-생텍쥐페리

오늘의 감사일기

_____

_____

_____

_____

_____

_____

_____

_____

336일

To Do List

☑ ☐

☐ ☐

☐ ☐

☐ ☐

☐

오늘의 질문

Q : 근래 나에게 많은 도움을 준 사람은?

A :

오늘의 미션

최신 영화 한 편 보기

긍정 확언 필사

다른 누군가가 할 수 있거나
인생에서 이룰 수 있는 일이라면,
나 역시 그럴 수 있다.

-토머스 J. 빌로드

오늘의 감사일기

_____
_____
_____
_____
_____
_____
_____
_____

337일

To Do List

✔

☐ ☐

☐ ☐

☐ ☐

☐ ☐

☐ ☐

오늘의 질문

Q : 일은 왜 하는 거야?

A :

오늘의 미션

드레싱 없이 샐러드 먹어보기

긍정 확언 필사

뜻이 서지 않으면
만사가 성공하지 못한다.

-이이

오늘의 감사일기

_____

_____

_____

_____

_____

_____

_____

_____

338일

To Do List

☑   ☐

☐   ☐

☐   ☐

☐   ☐

☐   ☐

오늘의 질문

Q : 집에서 혼자 춤춰본 적 있어?

A :

오늘의 미션

청와대 국민 청원 홈페이지에 들어가서 관심 있는 주제에 '동의'하기

긍정 확언 필사

모든 일은 계획으로 시작하고,
노력으로 성취되며
오만으로 망친다.

-관자

오늘의 감사일기

_____

_____

_____

_____

_____

_____

_____

_____

339일

To Do List

☑

오늘의 질문

Q : 가장 선호하는 교통수단은?

A :

오늘의 미션

자기 전에 스마트폰 전원 꺼두기

긍정 확언 필사

모든 행복한 가정은 서로가
엇비슷하지만 불행한 가정은
제각기 나름대로의 불행을 안고 있다.

-레프 톨스토이

오늘의 감사일기

340일

To Do List

☑

☐   ☐

☐   ☐

☐   ☐

☐   ☐

☐   ☐

오늘의 질문

Q : 시력이 좋은 편이야?

A :

오늘의 미션

전등이나 조명을 최대한 켜지 않기

긍정 확언 필사

목적이 그르면 언제든 실패할 것이요,

목적이 옳다면 언제든 성공할 것이다.

-안창호

오늘의 감사일기

341일

To Do List

- [x]
- [ ]
- [ ]
- [ ]
- [ ]

- [ ]
- [ ]
- [ ]
- [ ]
- [ ]

오늘의 질문

Q : 네가 평소 가장 많이 하는 말은?

A :

오늘의 미션

구구단 11단 외우기(외운 거라면 그다음 단 외우기!)

긍정 확언 필사

몸을 닦고자 하는 사람은
먼저 마음을 바르게 하라.
마음을 바르게 하고자 하는 사람은
먼저 뜻을 진실하게 하라.

-관자

오늘의 감사일기

_____

_____

_____

_____

_____

_____

_____

_____

342일

To Do List

- ✔
- ☐
- ☐
- ☐
- ☐

- ☐
- ☐
- ☐
- ☐
- ☐

오늘의 질문

Q : 과거와 미래 중 시간여행을 한다면 어디로 갈 거야?

A :

오늘의 미션

마음에 드는 컬러링북 한 권 구매해 색칠해 보기

긍정 확언 필사

무슨 일을 시작하든 된다는 확신
90퍼센트와 반드시 되게 할 수 있다는
자신감 10퍼센트 외에 안될 수도 있다는
불안은 단 1퍼센트도 갖지 않는다.

-정주영

오늘의 감사일기

_____

_____

_____

_____

_____

_____

_____

343일

To Do List

☑

오늘의 질문

Q : 내가 어른이 되었음을 느꼈을 때는?

A :

오늘의 미션

나만의 명언 한 문장 만들어보기

긍정 확언 필사

성공에는 아무 트릭도 없다.
나는 나에게 주어진 일에 전력을
다했을 뿐이다. 굳이 말한다면
보통 사람보다 아주 조금 더
양심적으로 노력했을 뿐이다.

-앤드루 카네기

오늘의 감사일기

_____

_____

_____

_____

_____

_____

_____

_____

344일

To Do List

- ☑
- ☐
- ☐
- ☐
- ☐

- ☐
- ☐
- ☐
- ☐
- ☐

오늘의 질문

Q : 올해 가장 기억에 남는 일을 꼽자면?

A :

오늘의 미션

하루 동안 전자레인지 사용하지 않기

긍정 확언 필사

성공에서 재능은
자기가 잘할 수 있는 것이나 명성 따위는
생각하지 않고 자기가 하는 일은 무엇이든
잘 해내는 것에 불과하다.

-헨리 워즈워스 롱펠로

오늘의 감사일기

_____

_____

_____

_____

_____

_____

_____

_____

345일

To Do List

☑   ☐

☐   ☐

☐   ☐

☐   ☐

☐   ☐

오늘의 질문

Q : 제일 좋아하는 사람에게 선물해주고 싶은 소장품 3가지는?

A :

오늘의 미션

예쁜 홈웨어 마련하기

긍정 확언 필사

성공하는 사람들이란
자기가 바라는 환경을 찾아내는 사람들이다.
발견하지 못하면 자기가 만들면 된다.

-조지 버나드 쇼

오늘의 감사일기

_____

_____

_____

_____

_____

_____

_____

346일

To Do List

☑

☐ ☐

☐ ☐

☐ ☐

☐ ☐

☐ ☐

오늘의 질문

Q : 꽂혀서 질릴 때까지 들었던 노래는?

A :

오늘의 미션

방 인테리어 바꿔보기(가구 배치를 바꾸거나 간단한 소품을 추가해 보기!)

긍정 확언 필사

성공하려면 기억이 아니라
상상력에 근거한 삶을
살아야 한다.

- 스티븐 코비

오늘의 감사일기

347일

To Do List

- ☑
- ☐
- ☐
- ☐
- ☐

- ☐
- ☐
- ☐
- ☐
- ☐

오늘의 질문

Q : 가장 즐겨먹는 간식은?

A :

오늘의 미션

마음이 편안해지는 향의 디퓨저를 찾아 방에 놓아보기

긍정 확언 필사

성공하지 못할 거라는
그릇된 믿음을 버리는 것이
성공을 향한 첫걸음이다.

-앤드루 매튜스

오늘의 감사일기

348일

To Do List

✔ ☐

☐ ☐

☐ ☐

☐ ☐

☐ ☐

오늘의 질문

Q : 건강검진해봤어?

A :

오늘의 미션

공기 정화에 도움이 되는 식물 한 가지 기르기

긍정 확언 필사

세상이 당신에게 준 것보다
더 많이 세상에 주어라.

-헨리 포드

오늘의 감사일기

_____

_____

_____

_____

_____

_____

_____

349일

To Do List

✔️

☐　　　　　　　　☐

☐　　　　　　　　☐

☐　　　　　　　　☐

☐　　　　　　　　☐

☐　　　　　　　　☐

오늘의 질문

Q : 요즘 바뀌었으면 하는 것은?

A :

오늘의 미션

예전에 사용했던 메일함 정리하기

긍정 확언 필사

쓰고 단 것은 외부에서 생기고
어려운 것은 내부에서
자신의 노력으로부터 생긴다.

-알베르트 아인슈타인

오늘의 감사일기

_____

_____

_____

_____

_____

_____

_____

_____

350일

To Do List

✔

오늘의 질문

Q : 지금 내 통장 잔고는?

A :

오늘의 미션

부모님께 용돈 드리기

긍정 확언 필사

앞으로 올 날을 알고 싶거든
이미 지나간 날들을 살펴보라.

-'명심보감' 중에서

오늘의 감사일기

_____

_____

_____

_____

_____

_____

_____

_____

351일

To Do List

- ☑
- ☐
- ☐
- ☐
- ☐
- ☐
- ☐
- ☐
- ☐
- ☐

오늘의 질문

Q : 마지막으로 언제 뽀뽀했어?

A :

오늘의 미션

하루 동안의 내 모습을 영상으로 찍어 남겨보기

긍정 확언 필사

위대한 사람은 절대로
기회가 부족하다고
불평하지 않는다.

- 랠프 왈도 에머슨

오늘의 감사일기

_____

_____

_____

_____

_____

_____

_____

352일

To Do List

- ☑
- ☐
- ☐
- ☐
- ☐

- ☐
- ☐
- ☐
- ☐

오늘의 질문

Q : 많은 사람들 앞에서 발표하는 걸 두려워하는 편이야?

A :

오늘의 미션

운동화 새것처럼 빨아 보기

긍정 확언 필사

위대한 성과는 갑작스러운 충동에 의해
이루어지는 것이 아니라,
느리지만 연속된 여러 번의 작은 일들로써
비로소 이루어지는 것이다.

-빈센트 반 고흐

오늘의 감사일기

_____

_____

_____

_____

_____

_____

_____

353일

To Do List

✔   ☐

☐   ☐

☐   ☐

☐   ☐

☐   ☐

오늘의 질문

Q : 가장 많이 사용하는 비밀번호 4자리는?

A :

오늘의 미션

미드나 영화 한 편 자막 없이 보기(들리지 않아도 괜찮아!)

긍정 확언 필사

꿈과 목표,
그리고 자신의 신념을 실현하는
유일한 방법은 행동이다.

-피터 드러커

오늘의 감사일기

_____

_____

_____

_____

_____

_____

_____

_____

354일

To Do List

✔ □
□ □
□ □
□ □
□ □

오늘의 질문

Q : 걸음이 빠른 편이야, 느린 편이야?

A :

오늘의 미션

거울 앞에서 몸매 체크하며 지난 1년간 몸매 변화 확인해 보기

긍정 확언 필사

나는 계속 배우면서 갖추어 간다.

언젠가는 나에게도

기회가 올 것이다.

－에이브러햄 링컨

오늘의 감사일기

355일

To Do List

☑

☐ ☐

☐ ☐

☐ ☐

☐ ☐

☐ ☐

오늘의 질문

Q : 하루 중 가장 좋아하는 시간대는 언제야?

A :

오늘의 미션

2천 원으로 하루 살아보기

긍정 확언 필사

내가 바뀌지 않고는 남을 바꿀 수 없다.
다른 사람을 바꾸려면 스스로를 먼저 바꿔야
한다. 이 세상이 나아지지 않는 이유는
한 가지다. 서로가 서로를 변화시키려고만 할 뿐
자신은 변화하려고 하지 않기 때문이다.

-토마스 애덤스

오늘의 감사일기

_____

_____

_____

_____

_____

_____

_____

_____

356일

To Do List

☑

☐   ☐

☐   ☐

☐   ☐

☐   ☐

☐   ☐

오늘의 질문

Q : 지금처럼 산다면 10년 후에는 어떤 모습일까?

A :

오늘의 미션

하루 종일 공복 유지하며 속을 비워보기

긍정 확언 필사

능력이 적다고
아무것도 하지 않는 것이 가장 큰 잘못이다.
스스로 할 수 있는 일을 하도록.

-칼 세이건

오늘의 감사일기

_____

_____

_____

_____

_____

_____

_____

357일

To Do List

✔

오늘의 질문

Q : 오늘 하루 고생한 나에게 하고 싶은 말은?

A :

오늘의 미션

5년 후의 나에게 편지 써보기

긍정 확언 필사

당신에게는
삶을 변화시켜
원하는 삶을 창조할 힘이 있다.

-조셉 캠벨

오늘의 감사일기

_____

_____

_____

_____

_____

_____

_____

_____

358일

To Do List

✔

☐   ☐

☐   ☐

☐   ☐

☐   ☐

오늘의 질문

Q : 나 자신을 소개하는 글을 명함에 한 줄 넣는다면 어떤 내용일까?

A :

오늘의 미션

가장 좋아하는 안주를 준비해 혼술 해보기

긍정 확언 필사

말만 하고
행동하지 않는 사람은
잡초로 가득 찬 정원과 같다.

-하우얼

오늘의 감사일기

359일

To Do List

✓ ☐ ☐ ☐

☐ ☐

☐ ☐

☐ ☐

☐ ☐

오늘의 질문

Q : 언제 가장 네가 순수하다는 생각이 들어?

A :

오늘의 미션

칼퇴 하기

긍정 확언 필사

말하자마자
행동하는 사람이
가치 있는 사람이다.

-엔니우스

오늘의 감사일기

_____

_____

_____

_____

_____

_____

_____

_____

To Do List

✔

☐   ☐

☐   ☐

☐   ☐

☐   ☐

☐

오늘의 질문

Q : 누군가의 험담을 해본 적 있어?

A :

오늘의 미션

하루 종일 SNS 알람 무음으로 해두기

긍정 확언 필사

바보는 방황하고,
현명한 사람은
여행을 떠난다.

-토마스 풀러

오늘의 감사일기

361일

To Do List

- ✔
- ☐
- ☐
- ☐
- ☐

- ☐
- ☐
- ☐
- ☐
- ☐

오늘의 질문

Q : 헌혈해 본 적 있어?

A :

오늘의 미션

하루 종일 웃고 있기(어떤 상황에도! 화가 나도!)

긍정 확언 필사

삶에서 좌절하고 낙담했다면
무언가 대책을 마련하라.
삶을 바꾸어라.
누군가의 도움을 기다리지 마라.
자신을 구원할 사람은 자신뿐이다.

-조셉 캠벨

오늘의 감사일기

_____

_____

_____

_____

_____

_____

_____

_____

To Do List

✔

☐   ☐

☐   ☐

☐   ☐

☐   ☐

☐   ☐

오늘의 질문

Q : 부모님에게 인정받고 싶은 게 있다면?

A :

오늘의 미션

자기 전에 주변 사람들 떠올리며 생각해보기

긍정 확언 필사

세상이 뭐라 하건,
진정으로 그 일만 붙잡고 살면
행복하겠다 싶을 정도로 좋거든,
그 길로 나아가라.

-조셉 캠벨

오늘의 감사일기

_____

_____

_____

_____

_____

_____

_____

_____

363일

To Do List

✔

☐   ☐

☐   ☐

☐   ☐

☐   ☐

☐   ☐

오늘의 질문

Q : 친구들은 나를 어떻게 생각할까?

A :

오늘의 미션

싸웠던 친구에게 카톡해보기

긍정 확언 필사

승자와 패자의 차이는 간단하다.
승자는 패자들이
하기 싫어하는 것을 할 뿐이다.

-덱스터 예거

오늘의 감사일기

_____

_____

_____

_____

_____

_____

_____

364일

To Do List

✔

□   □

□   □

□   □

□   □

□   □

오늘의 질문

Q : 내년을 위해 준비하는 것은?

A :

오늘의 미션

부모님 안아드리며 사랑한다고 말씀드리기

긍정 확언 필사

시도했던 모든 것이 물거품이 되었더라도
그것은 또 하나의 전진이기 때문에
나는 용기를 잃지 않는다.

-토머스 에디슨

오늘의 감사일기

365일

To Do List

☑

□   □

□   □

□   □

□   □

□   □

오늘의 질문

Q : 10년 후 나에게 한마디 한다면?

A :

오늘의 미션

10년 후의 나에게 편지 써보기

긍정 확언 필사

웃음은 강장제이고,
안정제이며,
진통제이다.

- 찰리 채플린

오늘의 감사일기

_____

_____

_____

_____

_____

_____

_____

꿈은 도망가지 않는다,
도망치는건 언제나 자신이다.

- 짱구는 못말려-

이 책은 꿈을 이룬 _____님의 책입니다.